Der urbane Kongress

Der Urbane Kongress

Kunst und Stadt im Kontext
Ein Modellprojekt im Rahmen des StadtLabors für Kunst im öffentlichen Raum, Köln

Herausgegeben von
Markus Ambach
Kay von Keitz

Wienand

Inhalt

Einführung Markus Ambach / Kay von Keitz	8
Grußwort Susanne Laugwitz-Aulbach	11
Der Kunstbeirat und das Kölner StadtLabor Andreas Kaiser	15
Im öffentlichen Auftrag Markus Ambach	24
Der urbane Kongress Ein Projekt zum Umgang mit Kunst im öffentlichen Raum	32
Das Konzept	32
Die Markierungen	36
Die Veranstaltungen	40
Gehen, sehen, verstehen Ein Rundgang durch das Planquadrat	44
Gehen, sehen, (nicht) verstehen Barbara Hess	48
Neue Nachbarschaften Innerstädtische Kommunikation als Bild und Strategie	56
Die Stadt als Resterampe? Andreas Denk	62
Public Storage Das Denkmal als Endlager der Erinnerung	72
Typologie des Gedenkens Vanessa Joan Müller	74
Was ewig bleibt Von Qualitätsdiskursen und Möglichkeitsräumen	82
Bis ans Ende der Tage Johannes Stahl	86
Die Zukunft der Geschichte Kunst als Teil der urbanen Identitätsbildung	96
Kolumba Kay von Keitz	100
Stadtführung zum Mitnehmen	107
Der urbane Kongress auf der Art Cologne	114
Zum Vorschlag Handlungsempfehlungen und Umsetzungsvorschläge	120
Ein Resümee Schlussfolgerungen, Ziele und weiteres Handeln	126
Unterversorgte Pflegefälle Christel Wester	130
Exemplarische Realisierungen Die Umsetzungsphase	140
Aktualisieren Die Reinszenierung des Taubenbrunnens durch die Versetzung der Kreuzblume	143
Ab in die Eifel Irina Weischedel	144
Im Handstreich Markus Ambach	150
Diskutieren Das Archiv für ungenutzte Kunst auf dem Roncalliplatz	154
Von der Kunst in den Strömen der Stadt Markus Ambach	158
Restaurieren Licht und Bewegung von Otto Piene	169
»Mein höherer Traum betrifft die Projektion des Lichts …« Sarah Czirr	173
Letzte Runde Stammtisch zur aktuellen Lage	180
Anspruch und Wirklichkeit Ein Resümee zur Umsetzungsphase	184
Autorenbiografien	188

MARKUS AMBACH / KAY VON KEITZ
Einführung

Wie sollen Städte umgehen mit dem immer größer werdenden Bestand an Kunstobjekten in ihren öffentlichen Räumen? Welche Konzepte sind geeignet, damit dort weiterhin aktuelle Arbeiten eingebracht werden können? Und wie können diese zusammen mit den bereits vorhandenen Werken einen sinnvollen und unverzichtbaren Bestandteil von städtischer Gestaltung und Kultur bilden? Mit diesen Fragen beschäftigt man sich in vielen deutschen wie internationalen Städten seit geraumer Zeit. Im traditionell kunstaffinen Köln, der größten Stadt Nordrhein-Westfalens, wurden in den letzten Jahren vermehrt Anstrengungen unternommen, darauf Antworten zu finden. Das mündete schließlich in ein modellhaftes Projekt, dessen erste beachtliche Erfolge, aber auch Schwierigkeiten und partielles Scheitern in dieser Publikation dargestellt und reflektiert werden.

Wir, die Herausgeber, wurden als Ergebnis eines Wettbewerbs vom Kulturdezernat der Stadt Köln beauftragt, ab 2012 Grundlagen zur Neuordnung der Kunst im öffentlichen Raum Kölns zu entwickeln. Damit waren wir das erste Team des vom Kunstbeirat der Stadt Köln initiierten *StadtLabors für Kunst im öffentlichen Raum*, das zunächst in einem sechsmonatigen Feldversuch sowohl den Umgang mit dem Bestand wie auch plausible Strategien für die Neueinbringung von Kunst im Stadtraum erarbeitete. Aufgrund der dabei entstandenen Ergebnisse und der großen öffentlichen Resonanz erfolgte anschließend eine Weiterbeauftragung, um den begonnenen Prozess bis Ende 2014 fortzuführen und die Umsetzung einiger beispielhafter Maßnahmen zu betreiben.

Der zu bearbeitende Bereich konnte aus nachvollziehbaren Gründen nicht das gesamte Kölner Stadtgebiet umfassen. Daher wurde ein bestimmtes Areal pars pro toto vorgegeben, ein »Planquadrat« im Zentrum Kölns, das – zwischen Dom und Opern-Ensemble, Stadtmuseum und der Fußgängerzone Schildergasse gelegen – eine große Dichte von Kunstobjekten und zugleich eine Vielzahl unterschiedlicher Problemstellungen aufweist. Die Arbeitsresultate des ersten *StadtLabor*-Teams sollten als richtungsweisende Basis für das zukünftige Handeln von Politik und Verwaltung und für die geplante Beauftragung weiterer Teams dienen, die sich später mit anderen Planquadraten in der Stadt befassen werden.

Unserem sich über insgesamt drei Jahre erstreckenden Modellprojekt haben wir den Titel *Der urbane Kongress* gegeben. Das Konzept und die daraus entstandenen Interventionen, Aktionen und Veranstaltungen folgten einem prozessorientierten und partizipativen Ansatz. In der ersten Phase haben wir stadträumliche Situationen, an denen zentrale Fragen zu Kunst im öffentlichen Raum besonders anschaulich erörtert werden konnten, mit geometrischen Markierungen in auffälligen Textmarker-Farben versehen. Zugleich wurden öffentliche thematische Rundgänge mit Fachleuten organisiert, um durch wahrnehmungsschärfende und analysierende Begehungen, die zu den exemplarischen Orten führten, intensive Gespräche mit dem Publikum zu aktivieren.

Ergänzt haben wir diese Maßnahmen durch ein Faltblatt mit einem kommentierten Rundgang zu einzelnen Arbeiten im Planquadrat, der unabhän-

Das vom Projekt *Der urbane Kongress* zu bearbeitende Planquadrat in der Kölner Innenstadt

gig von den Veranstaltungsterminen individuell nachvollzogen werden konnte. Und schließlich gehörte auch eine großräumige Installation auf der Kunstmesse Art Cologne zu den umfangreichen Aktivitäten des Projekts.

In den Jahren 2013 und 2014 wurden weitere Informations- und Diskussionsveranstaltungen durchgeführt, vor allem aber konkrete Realisierungsvorhaben verfolgt. Drei exemplarische »Baustellen« haben wir dabei fokussiert: Das *Archiv für ungenutzte Kunst* als temporäre prototypische Darstellung einer solchen Einrichtung auf dem Roncalliplatz vor dem Römisch-Germanischen Museum, die Versetzung der neben dem *Taubenbrunnen* von Ewald Mataré stehenden *Kreuzblumen*-Replik an einen anderen Ort sowie die Instandsetzung und Wiederinbetriebnahme der kinetischen Plastik *Licht und Bewegung* von Otto Piene am Wormland-Gebäude in der Hohen Straße.

Das vorliegende Buch dokumentiert den Verlauf, die Ergebnisse und Handlungsempfehlungen des Projekts *Der urbane Kongress*. Darüber hinaus werden die damit verbundenen Themen – die nicht nur in Köln von Bedeutung sind, sondern letztlich überall, wo Kunst in öffentlichen Räumen eine Rolle spielt – von unterschiedlichen Autoren vertieft. Dadurch können aufschlussreiche Vergleiche angestellt werden zu bestehenden Situationen und Zielsetzungen, die in anderen großen deutschen oder internationalen Städten zu finden sind.

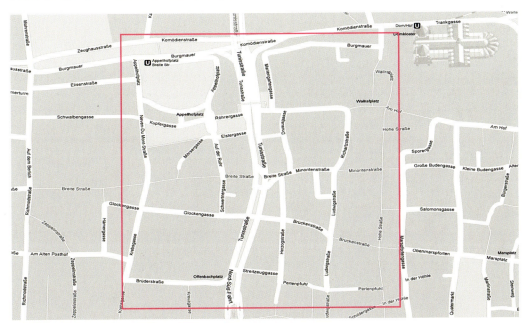

SUSANNE LAUGWITZ-AULBACH
BEIGEORDNETE FÜR KUNST UND KULTUR DER STADT KÖLN

Grußwort

Die Stadt Köln erfährt nicht nur unter den deutschen Metropolen, sondern auch im internationalen Kontext große Aufmerksamkeit aufgrund ihrer Umsetzung des allgemeinen Desiderats der Kunst im öffentlichen Raum sowie des wegweisenden Umgangs mit den in diesem Rahmen entstandenen Kunstwerken. Die nachhaltigen Grundlagen hierfür haben der Kunstbeirat und das Dezernat für Kunst und Kultur mit der finanziellen und ideellen Unterstützung des Ausschusses für Kunst und Kultur in den vergangenen Jahren geschaffen. Sie finden sich wieder in der vom Deutschen Städtetag veröffentlichten Handreichung »Kunst im öffentlichen Raum«. Die vorliegende Publikation über das erste *StadtLabor für Kunst im öffentlichen Raum* und von diesem herausgegeben, schildert die Hintergründe und Erfolge sowie auch die Hürden dieses Modellprojekts und die sich daraus ergebenden Ziele für die öffentliche Kunst in Köln.

Seit der vorletzten Jahrhundertwende ist eine immense Anzahl von öffentlichen Kunstwerken für Köln geschaffen worden, die das Stadtbild prägen, darunter Skulpturen, Objekte, Reliefs, Environments und unterschiedliche Akzentuierungen urbaner Bedingungen. Im Kölner Stadtgebiet befinden sich 1040 seit 1900 entstandene und im engeren Sinne als »Kunstwerk« klassifizierte Objekte; nicht einbezogen sind dabei Denkmäler, Brunnen, Architekturbestandteile und religiöse Kunst, die allein mit 553 beziffert werden. Unter den Kunstwerken sind die Skulpturen nach 1945 weit in der Überzahl, begründet durch die erhebliche Zerstörung des historischen Stadtkerns während des Zweiten Weltkriegs. Im Zuge des Wiederaufbaus wollten die Kommunen neuen Wohlstand durch Kunst am Bau, durch Brunnen oder Plastiken sichtbar machen, und so wurden insbesondere in den 1950er- und 1960er-Jahren und bis hinein in die 1980er-Jahre Plastiken zeitgenössischer Künstlerinnen und Künstler aufgestellt. In dieser Entwicklung spiegelt sich auch die zunehmende Ansiedlung von Künstlern in Köln wider ebenso wie ihre große Bedeutung für diese Stadt. Es entstand ein produktives künstlerisches Klima im Umfeld fortschrittlicher Museen, die auf dem seit 200 Jahren fruchtbaren Engagement von Kölner Stiftern aufbauten, und weiterer international wahrgenommener Kunstinstitutionen, einer lebendigen Galerienszene, führender Kunstausstellungen und nicht zuletzt im Kontext der Gründung der Kölner Kunstmesse 1967: Köln entwickelte sich zu einer der wichtigsten Kunststädte in Europa.

Die Künstler wurden häufig von privaten Auftraggebern, Kölner Firmen, Versicherungskonzernen und Baugesellschaften sowie Banken und Sparkassen direkt beauftragt. Es gab aber auch städtische Großbauprojekte in den 1980er-Jahren, mit denen die Beauftragung von Kunstwerken einherging, wie beispielsweise die

Anlage des Rheingartens anlässlich der Neuerrichtung des jetzigen Museums Ludwig im Rahmen des Dom-Rhein-Projekts; in diesem Zusammenhang schuf Dani Karavan die Skulptur *Ma'alot*, und Eduardo Paolozzi errichtete den begehbaren Rheingartenbrunnen. Seit Ende der 1990er-Jahre ist das private wie auch das Engagement der öffentlichen Hand stark zurückgegangen, auch als Folge der Wirtschafts- und Finanzkrisen sowie der Abwanderung von Künstlern nach Berlin. In Köln überlagern und überkreuzen sich vielfältige Ansätze der Kunst im öffentlichen Raum. Durch die zunehmende Ökonomisierung und Privatisierung des Öffentlichen verändern sich Strukturen, aber auch die Wahrnehmung urbaner Raumkonzepte und der Anspruch daran sind im Wandel begriffen.
Der Kunstbeirat ist ein vom Rat der Stadt Köln bestelltes ehrenamtliches Beratergremium. Mit der Neubesetzung im Jahr 2005 durch namhafte Mitglieder aus allen Bereichen der Kunst und der Stadtplanung ist es gelungen, ein neues, kritisches Verständnis des »öffentlichen Raums« zu implementieren, erstmals dargelegt in der 2006 formulierten Erklärung zum Selbstverständnis des Kunstbeirats. Zentral ist darin die Berücksichtigung des sich stetig verändernden Kunstbegriffs bei Entscheidungen über Gestaltungen im öffentlichen Raum – jenseits von herkömmlichen Begriffen wie Dekoration, Repräsentation und »Stadtmöblierung«. Der Beirat nahm erstmals für sich in Anspruch, Projekte selbstständig zu initiieren. Bei dem 2008 angestoßenen und durchgeführten Symposium *»Erwünschte« und »unerwünschte« Monumente. Welche Kunst für den (Kölner) öffentlichen Raum?* setzte sich das Gremium kritisch mit Modellversuchen aus dem In- und Ausland auseinander, beförderte damit die Debatte über das vielschichtige Genre »Kunst im öffentlichen Raum« und eröffnete schließlich den Dialog zwischen den verschiedenen Akteurinnen und Akteuren und einer breiteren Öffentlichkeit. Von dieser Initiative gingen entscheidende und nachhaltige Impulse aus.
In der Folge wurden unter Beteiligung von Kölner Kunst- und Kulturinstitutionen sowie städtischen Ämtern des Kultur- und Stadtplanungsbereichs, der Universität zu Köln/Kunsthistorisches Institut, der Fachhochschule Köln/Institut für Restaurierungs- und Konservierungswissenschaft sowie mit Unterstützung der Kunsthochschule für Medien Köln Projekte vorgeschlagen und mit der finanziellen Unterstützung des Ausschusses für Kunst und Kultur umgesetzt. So wurde eine Zustandserfassung öffentlicher Kunstwerke im erweiterten Innenstadtbereich durch die Fachhochschule Köln erstellt, das Rheinische Bildarchiv fertigte eine Fotodokumentation über die erfassten Kunstwerke an. Schließlich wurde eine umfangreiche Datenbank für öffentliche Kunstwerke unter www.kulturelles-erbe-koeln.de angelegt. Köln wurde 2013 überdies eingeladen, sich am Internetportal NRW Skulptur zu beteiligen. Die neue Website stellt 600 herausragende Skulpturen und Kunstinstallationen in Nordrhein-Westfalen vor.

Zudem wurden Wettbewerbe für Kunst im öffentlichen Raum mit dem Kunstbeirat durchgeführt, so etwa für künstlerische Interventionen in U-Bahnhöfen der Nord-Süd-Stadtbahn Köln, ein *Denkmal für die Opfer der NS-Militärjustiz* am Appellhofplatz und der Sparda-Kunstpreis NRW für Köln am Breslauer Platz.
Mit der jüngsten Einrichtung des *StadtLabors für Kunst im öffentlichen Raum*, das mit einem Feldversuch unter dem Projekttitel *Der urbane Kongress* startete und sich nun in der Abschlussphase befindet, wurde ein innovativer Ansatz für den Umgang einer Großstadt mit öffentlicher Kunst gewählt. Es ist das Ziel des Kunstbeirats und des Dezernats für Kunst und Kultur, das *StadtLabor* mit wechselnden externen Teams, die sich aus Fachleuten aus Kunst, Städtebau und Architektur zusammensetzen, in verschiedenen Planquadraten der Stadt zu etablieren.
Parallel zu dem diskursiven Prozess und den vom *StadtLabor*-Team vorgeschlagenen Maßnahmen, wie der Versetzung der *Kreuzblume*, der Einrichtung eines *Archivs für ungenutzte Kunst*, der Restaurierung der kinetischen Arbeit von Otto Piene am Wormland-Haus in der Hohen Straße, fanden in den Jahren 2013 und 2014 Veranstaltungen im öffentlichen Raum statt, die auf das Thema aufmerksam machten; zu nennen sind hier beispielsweise öffentliche Diskussionen oder eine Kunstaktion der Wiener Künstlergruppe WochenKlausur in Köln-Deutz. Bereits eingeleitete, längerfristige Maßnahmen wurden außerdem weiterverfolgt, etwa die Ergänzung der restauratorischen Zustandserfassung und fotografische Dokumentation der Kunstobjekte im Rheinpark und der Innenstadt sowie ihre Überführung in die Datenbank und die exemplarische Restaurierung von Skulpturen im Rheinpark.
Ausgehend von diesen Erfolgen hat mit dem Beginn des Jahrs 2015 die Beschaffung eines angemessenen Budgets für öffentliche Kunst für mich höchste Priorität. Damit sollen die *StadtLabor*-Teams in die Lage versetzt werden, eine innovative Vermittlung von Kunst im Stadtraum zu realisieren und Wettbewerbe durchzuführen. Überdies sollen damit temporäre Kunstaktionen, Auftragsarbeiten und Ankäufe sowie die Entwicklung und Umsetzung eines Monitoring- und Pflegeplans zur dauerhaften Erhaltung von Kunstwerken finanziert werden.
Ich setze mich ein für die Erweiterung des Personals im Dezernat für Kunst und Kultur durch kompetente, zentrale Ansprechpartner für die Künstlerschaft, die Bürgerinnen und Bürger sowie für Politik und Verwaltung gleichermaßen. Denn so entscheidend die Unterstützung und der kreative Schub durch den Kunstbeirat für das Vorankommen waren und sind, so darf doch nicht vergessen werden, dass es sich um Ehrenämter handelt. Um eine kontinuierliche Fortentwicklung zu gewährleisten, bedarf es etablierter Kräfte.
Dem ersten *StadtLabor*-Team und dem Kunstbeirat gilt mein besonderer Dank für ihre mit Herzblut und Verve geführten Debatten und mit großem Engagement umgesetzten Projekte!

ANDREAS KAISER
Der Kunstbeirat und das Kölner StadtLabor

2010 wurde ich ehrenamtlich in den Kunstbeirat der Stadt Köln berufen. Die Sitzung, an der ich erstmals teilnehmen wollte, wurde mangels Themen von dem Kulturdezernat abgesagt. Zur zweiten Sitzung bekam ich den Vorsitz für die nächsten vier Jahre angeboten. Seitdem fanden alle Sitzungen statt.
Mein Wissen um die Arbeit des Kunstbeirats bestand aus einem Statement der Mitglieder aus dem Jahr 2006 und einem Symposium 2008 in der Kunsthochschule für Medien über *»Erwünschte« und »unerwünschte« Monumente*. Dort wurden Fragen zur Art des Umgangs mit Kunst im Kölner Stadtraum gestellt und mit der beneidenswert guten finanziellen Ausstattung in München und Niederösterreich verglichen. Der Kunstbeirat hatte also eine Haltung entwickelt und diese öffentlich diskutiert mit dem Ziel, seine Arbeit auf eine neue Basis zu stellen. Ich habe mir damals die Frage gestellt, was ein Kunstbeirat sein sollte, wenn er neu zu gründen wäre, und welchen Beitrag ich als Vorsitzender und Künstler dazu leisten könnte. Im Beirat selbst und im Kulturausschuss habe ich dann meine Ziele zu einem handlungsstarken Kunstbeirat formuliert und in den nächsten vier Jahren umzusetzen versucht sowie den Unterschied zwischen Kunst und Brauchtum deutlich gemacht, was in Köln oft verwechselt wird.
Der Handlungsspielraum des Kunstbeirats ist begrenzt. Als Gutachtergremium vom Rat der Stadt eingesetzt, hat er kaum Entscheidungsgewalt, sondern nur Beratungsfunktion. Er folgt einer Geschäftsordnung, in der neben vielen anderen Aufgaben steht: »Der Kunstbeirat soll [...] möglichst ein Konzept zunächst für die Innenstadt, später auch für die einzelnen Stadtbezirke entwickeln und fortschreiben, ob und an welchen Orten Kunst im öffentlichen Raum verträglich und wirkungsvoll aufgestellt werden kann. Dies soll private Initiativen in den einzelnen Stadtquartieren fördern, ihr näheres Umfeld aktiv mitzugestalten.«
Die Ausgangslage war 2010 ein fast abgeschlossener Zustandsbericht über nahezu 500 Außenskulpturen im erweiterten Innenstadtbereich und der Wunsch der Politik nach einem Konzept mit der Antwort auf die Frage »Was machen wir jetzt damit?«. Mit dem vorhandenen Budget für Kunst im öffentlichen Raum sollte nun nach dem Willen der Verwaltung eine kunsthistorische Einordnung der erfassten Werke erfolgen. Eine Bewertung der Werke, so hieß es, könnte Antworten geben auf die Fragen »Worum kümmern wir uns?«, »Wer kümmert sich?« und »Was kann weg?«. Nun gehört es nicht zu den Aufgaben von Kunsthistorikern jenseits des Markts, Kunst zu bewerten. Auch erschien es mir fragwürdig, das Budget für Kunst im öffentlichen Raum erneut in Papier zu stecken, das ohne Konsequenzen und kaum gelesen in Aktenschränken verschwinden würde.

Motivation
Als Künstler, der viele Projekte im öffentlichen Raum umsetzt, bin ich »Überzeugungstäter«. Ich versuche, durch Taten zu überzeugen. Ein Konzept sollte Handlungsanweisungen geben oder sogar zu konkreten Handlungen führen. Also statt folgenloser Diskussionen, Paraphrasierungen und endloser Textproduktion hin zu einem Handlungskonzept mit beispielhaften Realisierungen. In der Diskussion um die Zielrichtung fiel der Begriff des »Labors«. Ich verstehe die Stadt als einen lebendigen Organismus, in dem Beständigkeit zum dehnbaren Begriff wird. Kunst im Stadtraum leistet dazu mit ihrem Ewigkeitsanspruch mitunter radikalen Widerstand. Andererseits geht sie in den Veränderungen und im Wachstum der Stadt auch manchmal verloren oder wird übersehen. Ist Kunst also altes oder gar totes Gewebe, das entfernt werden muss? Formt sie – um im Bild zu bleiben – fremdes Gewebe auf öffentlichen Plätzen, oder kann sie auch zum Pulsgeber werden und die notwendigen Veränderungsprozesse einer Stadt mitgestalten? In Form von Denkmälern wird Kunst im öffentlichen Raum manchmal eine therapeutische Wirkung zugeschrieben, vor allem aufgrund der Diskussionen über die jeweils damit verbundenen Themen. Können wir also in der Stadt ein Labor einrichten, in dem solche Prozesse sichtbar werden?

Reichtum vor Ort
Aus meiner Erfahrung als Künstler bei vielen Kunst-am-Bau-Wettbewerben und Jurysitzungen entwickelte ich mit viel Überzeugungs- und noch mehr konzeptioneller Vorarbeit in Kooperation mit dem Dezernat für Kunst und Kultur und mit den Mitgliedern des Beirats sowie weiteren Akteuren die Idee des Labors analog zu künstlerischen Wettbewerben weiter. So sollte diesem ein einjähriger Feldversuch vorgeschaltet werden, um grundlegende Fragestellungen zu Kunst im öffentlichen Raum zu erarbeiten, bevor es dann unter dem Namen *StadtLabor* an die praktische Umsetzung geht.
Bereits 2011 wurde der Feldversuch gestartet. Eine Auswahl von fünf professionellen »Laboranten« – Bik Van der Pol aus Rotterdam, raumlabor aus Berlin, Astrid Wege und Vanessa Joan Müller aus Köln, WochenKlausur aus Wien sowie Markus Ambach aus Düsseldorf – wurde eingeladen, im Wettbewerb Ideen zu entwickeln, wie die bestehende Kunst in einem ausgesuchten innerstädtischen Gebiet, dem sogenannten Planquadrat, zu befragen ist, an welcher Stelle sie mit der urbanen Struktur kollidiert und wo ihr vielleicht auch die Kraft fehlt, Aufmerksamkeit zu erzeugen gegenüber Werbung, Stadtmöblierung und Verkehr. Dieses Planquadrat wies alle Formen öffentlicher Kunst auf – ein Reichtum unserer Stadt in einem so engen Feld, der weltweit einzigartig ist. Hier gibt es wahrnehmbare, sichtbare und unsichtbare, ja sogar verschwundene Kunst, Kleinodien und historische Zeitzeichen, Mahn- und Denkmäler, also Kunst mit ideologischem Hintergrund, raumbildende Objekte und

Skulpturen. Und es gibt Handlungsbedarf. Die Werke können nicht unabhängig von ihrem Umfeld betrachtet werden, wie etwa im White Cube eines Museums.
Daher hat der Kunstbeirat ein solches Feld mit größter Heterogenität ausgesucht: Orte ohne Identifikation, mit offensichtlichen und verdeckten Wunden, Orte mit Sanierungsbedarf oder im Umbau, Orte mit neuen Aufenthaltsqualitäten, mit klaren und ungeklärten Zuständigkeiten, Orte im privaten und öffentlichen Besitz. Und obwohl diese Aufzählung von Orten handelt, lassen sich die Beschreibungen gerade auch auf Kunstwerke im öffentlichen Raum übertragen.

Ideen und Konzepte
Die fünf ausgewählten Teams betrachteten in ihren Konzepten die Stadt als musealen Raum, verlagerten private Handlungen ins Öffentliche, erzählten die Geschichten zu den Werken in einem neuen Licht oder suchten die Diskussion mit den Menschen vor Ort. Ihnen gemeinsam war das Thema Kommunikation.
Mit Markus Ambach, der Kay von Keitz als Partner hinzuholte, hat der Kunstbeirat sich für ein Team entschieden, das bereits die Veränderung des Stadtraums auf der Basis von »Verstehen und Verhandeln« anstrebte. In ihrem Feldversuch mit dem Titel *Der urbane Kongress* markierten sie 2012 anhand einer Themenfolge einzelne Beispiele öffentlicher Kunst und verliehen ihnen im urbanen Geflecht eine neue Aufmerksamkeit. Mit Unterstützung von eingeladenen Fachleuten und Referenten wurden diese Kunstwerke dann bei öffentlichen Veranstaltungen diskutiert.
Die thematischen Rundgänge zu den Veranstaltungen machten viele weitere Beispiele im Planquadrat sichtbar. So wurden in diesem ersten Feldversuch die Narben der Stadt erkennbar, und es verdichteten sich Überlegungen, an welchen Stellen ein Eingriff notwendig ist.
Daher war es nur folgerichtig, nach diesem gelungenen Feldversuch mit vielen öffentlichen Diskussionen und den weithin sichtbaren Standortmarkierungen das Team nun auch mit dem Start des *StadtLabors* zu beauftragen, um erste Ideen in die Tat umzusetzen. 2013 hat zudem der Deutsche Städtetag unser Projekt als zukunftsweisend gewürdigt, und Köln wurde deutschlandweit als vorbildlich im Umgang mit seiner öffentlichen Kunst wahrgenommen.

Politik und Steine
In der darauffolgenden ersten Umsetzungsphase wurden nun all die Schwierigkeiten deutlich, mit denen nicht nur Köln zu kämpfen hat. Hier wird beispielhaft vorgeführt, was in dieser Stadt pars pro toto möglich ist und was nicht. Bereits ausdiskutierte, entschiedene und finanzierte Bausteine des *StadtLabors* gerieten in die Mühlen von Politik- und Verwaltungsstrukturen. Hochgelobte und bereits getroffene Entscheidungen konnten nicht umgesetzt werden, und für gut befundene Bausteine des *StadtLabors* wurden zwar finanziert, dann aber vereitelt. Für die Verhinderung

der temporären Einrichtung eines *Archivs für ungenutzte Kunst* auf dem Roncalliplatz zeichnete sich niemand verantwortlich. Kein Politiker oder Verwalter der Stadt stellte sich hin und sagte: »Ich habe das nicht gewollt und deshalb verhindert!« Bis heute ist unklar, warum die letzte notwendige Formalität für die Realisierung des Archivs nicht gegeben wurde. Der Diskussionsprozess war undurchschaubar geworden und nicht mehr zu steuern. Eben weil niemand die Verantwortung trägt und weil es an Mut und Haltung fehlt wie auch an demokratischem Selbstverständnis.

Alle Fraktionen des Kölner Rats und die Bezirksvertreter sind im Kunstbeirat repräsentiert. Die acht stimmberechtigten Mitglieder – Künstler, Kunsthistoriker, Galeristen und Verleger – sehen diese Vertreter nicht als bloße Zuhörer, sondern als Kommunikatoren im Prozess der Debatte um gute Qualität für öffentliche Kunst. Ihre Aufgabe ist es, die Diskussionen und Entscheidungen des Kunstbeirats in ihrer Bandbreite in die Parteien und Gremien zu tragen und vor allem die Argumente zu vermitteln. Dabei sollte es selbstverständlich sein, dass die Stimme des Kunstbeirats und seiner stimmberechtigten Mitglieder bei den Entscheidern Gehör findet. Im Gegenzug erwarten die Mitglieder auch eine kommunikative Rückmeldung – oftmals vergebens.

Für einen Künstler ist es ein ernüchterndes Erlebnis, wenn künstlerische und kulturelle Fragen aufgrund machtpolitischen Kalküls zwischen Gremien zerrieben werden, die zum Teil gar nicht zuständig sind. Mit dem Selbstverständnis, Entscheidungen argumentativ zu begründen, ist das Verhandeln über Kunst als Objekt des Feilschens nicht vereinbar: »Wenn Sie zu unserem Gedenkstein Ja sagen, bekommen Sie auch ihr *StadtLabor*.« Das *Archiv für ungenutzte Kunst* – vom Deutschen Städtetag als herausragendes Beispiel für den Umgang mit älterer Kunst gewürdigt – wurde unter dem Tagesordnungspunkt »Keine Kunst-Rumpelkammer auf dem Roncalliplatz« ohne Befragung des Kunstbeirats, des *StadtLabor*-Teams und ohne Kenntnis der Inhalte in der Bezirksvertretung Innenstadt diskreditiert und per Mehrheitsentscheid abgelehnt, obwohl sie dafür gar nicht zuständig ist. Zugleich wurden Angebote zu Gesprächen und Diskussionsveranstaltungen nicht wahrgenommen oder Entscheidungen verzögert. So wurden wichtige Bausteine im Diskussionsprozess politisch entwertet und die Handlungsmöglichkeiten des Kunstbeirats wieder eingeschränkt.

In solch einer schwierigen Phase haben wir mit Restaurierungsmaßnahmen unseren Anspruch gegenüber dem Bestand an Kunst im öffentlichen Raum dokumentiert und weitere »Laboranten« eingeladen, ihr kommunikatives Geschick einzusetzen, um das *StadtLabor* breiter aufzustellen und auf einen anderen Stadtteil auszudehnen.

Klausur
Die 2013 ausgerichtete und von Verwaltung, Anwohnern und Presse hochgelobte *Projektwerkstatt in Deutz* der Wiener Künstlergruppe WochenKlausur hat exempla-

risch gezeigt, wie Künstler mit Beteiligung der Bürgerinnen und Bürger sowie Hand in Hand mit Verwaltung und Politik Stadt verändern können. Die Künstler stellten sich am *Düxer Bock* – einer Skulptur von Gerhard Marcks – der Aufgabe und Verantwortung, als Kommunikationsplattform zu dienen und gemeinsam mit Verwaltung und Bürgerschaft Ideen zu entwickeln, wie der Stadtraum besser gestaltet werden kann. Auch hier wurde die positive Stimmung in der Umsetzungsphase plötzlich als politisch nicht gewollt bekämpft und das erfreuliche Engagement der Bürger missachtet. Die gleichen politischen Kräfte wollten auch dort verhindern, dass unsere Stadt sich mit künstlerischer Hilfe auf qualitativ höchstem Niveau verändert. Partei- und machtpolitische Auseinandersetzungen werden auf dem Rücken der Kunst und Kultur ausgetragen. Das ist erschreckend und zugleich abschreckend für Kulturschaffende, die versuchen, in der Stadt durch ihren ehrenamtlichen Beitrag einen Mehrwert zu erzeugen. Es ist also nicht der Kunstbeirat, der – wie in der Vergangenheit oft behauptet – die öffentliche Kunst verhindert, indem er Anträge diskutiert und sein Votum abgibt. Es sind vielmehr taktisch agierende Stadtpolitiker mit einem Politikverständnis, das letztlich qualitätsvolle Kunst verhindert. Sie rufen nach bürgerschaftlichem Engagement, aber wenn es dann dazu kommt, verweigern sie diesem den Dienst an der Stadt. Oder gibt es vielleicht noch andere Interessen, die verhindern wollen, dass sich ein neuer Begriff von Kunst und Kultur ausbreitet?
In Zukunft werden immer weniger Künstler den öffentlichen Raum nutzen wollen, um dem Stadtgefüge eine andere Sprache zu verleihen als über Werbung, Stadtmarketing und Stadtmöblierung. Die Anmaßungen der zuständigen oder nicht zuständigen Gremien zerreiben jede künstlerische Kompetenz. Die vom Kunstbeirat zu begutachtenden freien künstlerischen Projekte, die sich mit formalen oder inhaltlichen Fragestellungen einer Stadtgesellschaft beschäftigen, haben – nicht nur in Köln – stark nachgelassen. Selbstdarsteller übernehmen in diesem Vakuum den öffentlichen Raum und scheinen politisch auch gewollt. Ihre oft banalen Skulpturen besetzen öffentliche Plätze und nutzen deren Bekanntheitsgrad für ihr eigenes Marketing. Auch dies sind Gründe, warum der Kunstbeirat aktiv geworden ist.

Jenseits des Tellerrands ...
Kuratoren scheuen – abgesehen von der documenta oder den Skulptur-Projekten in Münster – den städtischen öffentlichen Raum und ziehen sich gerne in die Skulpturenparkideen des 19. Jahrhunderts zurück. So wanderte auch das erste Budget für Kunst im öffentlichen Raum 2010 aus verschiedenen Gründen in den Skulpturenpark Köln, den »Green Cube« von Sammlern und Galeristen im Kölner Norden. Es fehlten Strategien für eine andere Verwendung. Neben den vom Stadtmarketing unterstützten Kampagnen zur Aufwertung touristischer Infrastruktur gibt es außer in Berlin kaum noch freie Initiativen, die sich mit dem öffentlichen Raum künstle-

risch auseinandersetzen. Selbst der Münsteraner Stadtraum wurde rund um den Hauptbahnhof im letzten Jahr von Tobias Rehberger »unbrauchbar« gemacht, wie von Walter Grasskamp bereits 1997 befürchtet:

»Gegner der Ausstellung sorgen zwischen den Kampagnen für Fakten, etwa indem sie zentrale Plätze möblieren und damit für die Bespielung der Ausstellung unbrauchbar machen, oder sie signalisieren mit Außenaktionen populärer Künstler die gewünschte Geschmacksebene [...] Manche dieser Eingriffe [...] sorgen für [...] erspießliches Kunstmobiliar, deren vorsätzlich provinzielles Niveau nicht nur Besucher der Skulptur-Projekte irritiert.«[1]

Die Kulturhauptstadt 2010 im Ruhrgebiet hätte ein neues Selbstverständnis von Kunst im öffentlichen Raum erzeugen können, wenn sie die wichtigen politischen und gesellschaftlichen Fragen im Ruhrgebiet aufgegriffen und im Stadtraum verortet hätte. Stattdessen hat sie sich den Mantel des Skulpturenparks umgehängt für Flaneure am Wochenende und – als ob die Skulptur-Projekte aus Münster an den Abwasserkanal verlegt worden wären – die Emscherkunst initiiert: documenta IX forever! Ob Karlsaue, Aasee-Terrassen oder Emscherkloake, egal, die Devise scheint zu sein: »Wir fahren mit dem Fahrrad durchs Grüne!«

... und die eigene Suppe

Das *StadtLabor* Köln ist keine Skulpturenausstellung. Das *StadtLabor* untersucht vielmehr skulpturale Eingriffe in den Stadtraum mit aktuellen, künstlerischen Mitteln. Es macht sichtbar, was vorher im Verborgenen schlummerte. Es erprobt die Veränderungspotenziale der Stadt. Es thematisiert politische und gesellschaftliche Gestaltungs- und Verwaltungsstrukturen. Es betrachtet vorhandene Arbeiten hinsichtlich ihres künstlerischen Werts, des Bezugs zur gebauten Umwelt, ihrer Funktion und der Zeitrelation. Es erörtert die Möglichkeiten von Neugestaltung, Neubeauftragung und Bestandspflege. Es untersucht die Möglichkeiten der Zusammenarbeit mit »Playern« aus Privatwirtschaft, Anwohnern, Politik, Kultureinrichtungen und städtischen Ämtern unter Berücksichtigung bürgerschaftlichen Engagements. Basis und Anliegen des *StadtLabors* Köln ist Kommunikation und Umsetzung: eben über Kunst zu reden und mit ihr den Stadtraum zu verbessern.

Genau das haben wir mit viel Engagement in unserer ehrenamtlichen Tätigkeit getan. Deswegen verstehe ich das *StadtLabor* auch als Kunst, als Konzeptkunst. Und daher ist die Arbeit des Kunstbeirats in Köln wertvoll und beispielhaft und wird in der Handreichung des Deutschen Städtetags explizit gewürdigt. Viele Städte beneiden Köln um den Kunstbeirat, um die systematische und vollständige Erfassung und bildliche Darstellung unserer Kunst im öffentlichen Raum und auch um das *StadtLabor*. Immer wieder fragen andere Städte im Dezernat für Kunst und Kultur nach, wie wir das machen. Warum die Arbeit des *StadtLabors* in ihrer Umsetzungsphase

in der eigenen Stadt nun so stark behindert wird, bleibt unverständlich, genauso
wie die hundertprozentige Streichung des Budgets im Jahr 2014. Die Aktivitäten des
Kunstbeirats sind zu weitreichend, um mit dieser Entscheidung dem *StadtLabor*
ein Ende zu setzen. Die Diskussion um die Nutzung des Roncalliplatzes wird nach-
wirken. Auch der Abbau und die Versetzung der *Kreuzblume* am Dom bleibt weiterhin virulent – genauso wie die jetzt unter Denkmalschutz gestellte Fassade des
Wormlandhauses mit der kinetischen Plastik von Otto Piene. Der Kunstbeirat lässt
sich nicht in eine passive Beraterrolle drängen. Er möchte, dass Köln wieder an
die Spitze der Kunstszene in Deutschland kommt und sich gegenüber Berlin behauptet. Das *StadtLabor* bietet dazu sicher das Potenzial.

Zielgerade
Das *StadtLabor* Köln hat sich an die Spitze einer Diskussion über den Umgang mit
dem Bestand von Kunst im öffentlichen Raum gestellt und war damit bisher
erfolgreich. Während in Nordrhein-Westfalen landesweit die Kunstbestände der
WestLB dem Meistbietenden versteigert und somit dem Geldgeber – also dem
Steuerzahler – entzogen werden, um die Misswirtschaft eines Kreditinstituts auszu-
gleichen, kümmern wir uns um unseren Bestand und machen ihn sichtbar. Die
Verzahnung mit städtebaulichen Fragen hat gezeigt, dass eine enge Zusammenarbeit
des Dezernats für Kunst und Kultur mit dem Dezernat für Stadtentwicklung,
Planen, Bauen und Verkehr möglich ist. Die Aufgaben im gleichen Handlungsfeld
mit unterschiedlichen Blickrichtungen führten beispielsweise bei der Wochen-
Klausur oder der künstlerischen Gestaltung an den Haltestellen der neuen Nord-
Süd-Stadtbahn zu spannenden Synergieeffekten. Eine starke Vertretung des
Baudezernats und die Teilnahme des Gestaltungsbeiratsvorsitzenden waren dafür
Bedingung. Die Schnittstelle, die der Kunstbeirat hier einnimmt, könnte vor
allem vor dem Hintergrund der Finanzkonsolidierung noch gestärkt werden. Das
Münchner Modell *Quivid* zeigt, wie durch Synergie und Verzahnung Mittel aus
verschiedenen Töpfen für Kunst am Bau generiert werden können, die dann auch der
Kunst im öffentlichen Raum zugutekommen. Eine fachspezifisch eingerichtete
Stelle, die an diesem Schnittpunkt von Kunst und Bauen mit Mitteln aus öffentlichen
Bauvorhaben ausgestattet wird, könnte zugleich zeitgenössische Projekte im
öffentlichen Raum fördern und sich um den Bestand kümmern. Das ist die Kunst
der Zukunft, und desto wichtiger ist das Budget für Kunst im öffentlichen Raum,
um die Arbeit des *StadtLabors* weiterzuverfolgen und dessen Ziele umzusetzen. Bleibt
nur die Frage, ob das politisch gewünscht ist.

---

1 | Grasskamp, Walter: »Kunst und Stadt«, in: *Skulptur. Projekte in Münster 1997*,
hrsg. von Klaus Bußmann, Kasper König, Florian Matzner, Ausst.-Kat., Ostfildern 1997, S. 36.

MARKUS AMBACH
Im öffentlichen Auftrag
Kunst und Stadt aktuell

In zahlreichen Ausstellungen im öffentlichen Raum, die meist temporärer Natur sind, wird heute den Möglichkeiten von Kunst und ihrer Wechselwirkung mit Stadtraum, Bürgerschaft und Politik nachgegangen. Vorwiegend in Regionen im Umbruch mit erhöhtem Erneuerungsbedarf wie dem Ruhrgebiet, den östlichen Lagen der Republik oder in der Hauptstadt Berlin sind richtungsweisende Projekte in öffentlichen Räumen entwickelt worden, die zum Teil ganz neue Wege beschreiten. Sie sind damit oft Pioniere einer Kunst des Öffentlichen, die weit an ihre Ränder vordringen, während in traditionellen Ausstellungen im Außenraum wie den Skulptur-Projekten Münster neben einer Übersicht zu aktuellen Tendenzen bereits eine Historisierung einsetzt. Zudem haben Städte und Gemeinden die Sinnhaftigkeit eines Diskurses über Kunst und deren städtischen wie sozialen Kontext erkannt und versuchen, durch Modellprojekte, Kunstkommissionen und kuratorische Konzepte vor allem kooperative Verfahren zwischen Künstlern und Bürgern zu fördern. Dabei steht die aktuelle Entwicklung dieser Kunst im Fokus. Arbeiten, die sich an ihrem Kontext orientieren, ihn kommentieren und involvieren oder in einem herausfordernden Verhältnis zu ihm stehen, loten auch die Grenzen eines solchen Verhältnisses aus. So versuchen sie, diese Grenzen weit in den gesellschaftlichen Raum hineinzuverschieben, um inter- und transdisziplinäre Diskurse anzuregen. Das Bedürfnis der Künstlerinnen und Künstler, aber auch der Institutionen, Städte und Gemeinden nach einem wirksamen Beitrag der Kunst zu allgemeinen gesellschaftlichen Fragestellungen wird daran evident. All jene trauen der Kunst offensichtlich nicht nur sachdienliche Kommentare zur aktuellen Gesellschaftsentwicklung, zu globalen wie lokalen Politiken und sozialen Fragestellungen zu, sondern erwarten auch Lösungsvorschläge von ihr. Das zeigt, dass Kunst den geschlossenen Fachdiskurs in Institutionen und Märkten längst verlassen hat. Sie ist nicht nur auf der Straße angekommen, sondern auch im Zentrum gesellschaftlicher Auseinandersetzungen und wird dort ernst genommen.

Im eigenen Auftrag
Diese Entwicklung kommt nicht von ungefähr. Das Eigeninteresse der Künstler, die Museen zu verlassen, auf die Straße zu gehen und gesellschaftliche Relevanz zu erlangen, folgt einer langen Genealogie. In deren Geschichte brachen die Situationisten um Guy Debord in den 1950er-Jahren auf, um die Stadt als Quelle künstlerischer Arbeit zu erobern. Im ziellosen Umherschweifen, im »dérive«, wurde die Stadt zur Matrix einer Kunst, die politisch motiviert und interdisziplinär war. Ob Bezug nehmend auf die Pariser Lettristen als Vorreiter oder in der Arbeit des niederländischen Künstlers Constant, von Anfang an involvierte diese Kunstrichtung Beziehungen zwischen Stadt, Architektur, Literatur, Kunst und Politik.

Während die Situationisten vor dem europäischen Hintergrund politisch-intellektueller Auseinandersetzungen agierten, entwickelte sich die amerikanische Land-Art aus einer intensiven Auseinandersetzung mit der Landschaft als Kontext künstlerischer Arbeit. Als deren Künstler in den 1960er- und 1970er-Jahren die Häuser der Museen verließen, war dies einer der wichtigsten Initiationspunkte, die eigene künstlerische Arbeit aus der genuinen Selbstbespiegelung heraus in eine Konfrontation mit ihrem heterogenen Umfeld zu überführen. Ob Robert Smithson oder Michael Heizer, Walter De Maria oder Richard Long – das Umfeld der Arbeiten wurde zur festen Bezugsgröße.
Während sich die Land-Art oft mit minimalistischsten Außenräumen wie den kargen, menschenleeren Landschaften und Wüsten Amerikas beschäftigte, suchten Künstler wie Gordon Matta-Clark bereits früh die Konfrontation mit dem Kern der Gesellschaft in den Zentren der Städte. Schnell wurden nicht nur Architektur und Städtebau zum Ausgangspunkt legendärer Arbeiten. Auch soziale Gefüge und politische Verhältnisse gerieten in den Fokus. Die Stadt wurde nicht nur von ihrer raumgebenden Gestalt her betrachtet, sondern gerade auch entlang der sozialen In- und Exklusionen, die durch Zugänglichkeit, Ausschluss und Teilhabe an Räumen, Ereignissen, Informationen, Bildung und Wohlstand gesetzt wurden. Gegen eine solche verräumlichte Politik, die die Gesellschaft in Eingeschlossene und Ausgegrenzte, Bevorzugte und Chancenlose, Organisierte und Vereinzelte unterteilt, setzten die Künstler wie auch andere kritische Gruppen früh auf kollektive Prozesse. Gemeinschaftliches Handeln und interdisziplinäres Arbeiten mit gesellschaftlicher Relevanz finden sich schon im Umfeld dieser Bewegung wieder und wurden in der Kontextkunst der 1980er- und 1990er-Jahre noch verstärkt. Sie führte mehr und mehr zu einer gezielten Beschäftigung mit den sozialen und politischen Verhältnissen. Soziologie und Philosophie, Politikwissenschaft und Ökonomie bildeten parallel zu den gesellschaftlichen Verhältnissen den Hintergrund von Arbeiten, die direkt in soziale und politische Gefüge eingriffen, sich mit diesen solidarisierten, sie situativ inszenierten und subversiv simulierten. So ließen Künstler wie Rirkrit Tiravanija die Grenzen zwischen Gesellschaft und Kunst, Institution und öffentlichem Raum bildhaft verschmelzen, als dieser in seiner Arbeit *Untitled (Tomorrow is another day)* von 1996 die Räume des Kölnischen Kunstvereins direkt an die Straße anschloss. Dabei hielt er sie zur allgemeinen Nutzung 24 Stunden offen, um in diesen mit den Besuchern, Anliegern und Straßennutzern zu leben, zu denken, zu handeln und zu kochen.
Solche Konzepte tauchten nicht aus dem Nichts auf, sondern sind mit einer spezifischen Tradition der Kunst über Dekaden verwoben – wie Querverweise auf Aktionen von Joseph Beuys oder der Fluxus- und Performancebewegung, aber auch

auf spartenübergreifendes Denken wie von Marcel Duchamp, auf medial arbeitende Künstler wie Mike Kelley, politisch motivierte Arbeiten eines Hans Haacke oder die kollaborative Praxis von Park Fiction zeigen.
Dass Kunst heute im öffentlichen, politischen und sozialen Raum angekommen ist, verdankt sich also einer langen Genealogie, die auf das Engagement der Künstlerinnen und Künstler zurückgeht, an gesellschaftlichen Diskursen teilzunehmen. Dies entspricht einer Politisierung der Künstlerschaft, die einen Diskurs im öffentlichen Raum führt, der die Grenzen der Kunst- und Kulturproduktion auslotet, teilweise weit überschreitet, sich dabei konkretisiert und auch manchmal verliert. Immanent ist ihm seine Aktualität, die aus dem künstlerischen Eigeninteresse an einem jeweils erneuerten Diskurs mit der Gesellschaft entspringt.

Auftragskunst
Demgegenüber steht das, was sich oft in den Städten verewigt und wesentlich Gegenstand des Projekts *Der urbane Kongress* ist. Denn das Gros der permanent im Stadtraum veranlagten Werke entspringt eben nicht der bedeutenden Geschichte einer Kunst im eigenen Auftrag, sondern der klassischen Auftragskunst.
Gerade im Bereich von Erinnerungskultur, Gedenken und Memorialen findet sich im Bestand der Städte und Gemeinden ein Sammelsurium an Dingen, die von unterschiedlichsten Auftraggebern bestellt wurden. Große Persönlichkeiten, Stifter und Politiker, denkwürdige Ereignisse, die auch der Selbstversicherung der Gemeinschaft dienen, sollen, vom Künstler in Stein gehauen, der Erosion der Zeit und dem Vergessen entgehen. Während andere Kulturen auf die Erzählung und die Zirkulation der Geschichte in der Bevölkerung setzen, sucht unsere Gesellschaft dem Verlust der eigenen Historie durch ihre Objektivierung und Festschreibung zu entgehen. Dies manifestiert sich nicht nur in gebauten Archiven und Museen als großen Akkumulatoren von (vergangener) Zeit. Im Auftrag einer Gesellschaft, die sich als Wertegemeinschaft versteht, markiert insbesondere die Kunst in den Städten Gedenkorte, um die damit verbundenen Inhalte durch mahnende Zeichen im Gedächtnis der Menschen zu halten und auferlegte Erinnerungspflichten zu erfüllen. Ob diese Akkumulation von Zeit in den fluktuierenden Strömen der Stadt gerade deshalb zum Vergessen des zu Erinnernden beiträgt, ist zu diskutieren. Denn die im Stadtkörper aus- wie endgelagerte Erinnerung in Form von Gedenksteinen entlässt die Bevölkerung aus der Verpflichtung, die Geschichte lebendig zu erinnern und weiterzugeben.
Dass die Geschichte im Stadtraum, der von einer virulenten Wandlungsfähigkeit und Flüchtigkeit geprägt ist, einer massiven Erosion ihrer Inhalte ausgesetzt ist, wurde bisher nicht beachtet und verweist auf eine fehlende Aktualisierung unserer Haltung. Während sich stadtplanerische und architektonische Konzepte derart

verändert haben, dass sie auf den schnellen Wechsel und die Fluktuation der Stadt setzen, verharrt die Erinnerungskultur in einer Ewigkeitsapotheose. Entlang dieser scharfen Kontrastlinien reibt sich das statische Gedenken auf und entschwindet dem Blick.
Dass mit dem Objekt auch seine Geschichte in Vergessenheit gerät, ist obligatorisch. Verstärkt wird dies noch dadurch, dass sich die Zeichen der Erinnerung nahezu zusammenhanglos im städtischen Raum aufreihen. War die Emanzipation einer öffentlichen Kunst seitens der künstlerischen Produzenten von einer gemeinsamen kongruenten Entwicklung durchdrungen, die (zumindest für den Fachdiskurs) in jedem einzelnen Objekt sichtbar ist, wird der Bestand der Erinnerungskultur hingegen von Einzelinteressen und Geschmacksurteilen geprägt und perforiert. Die teils chaotische Gemengelage von Kunst in der Stadt ist eben nicht Ausdruck einer diffusen künstlerischen Haltung, sondern die Verräumlichung einer egozentrisch gewordenen Stadtgesellschaft. Hier vermischen sich teils subjektive Meinungen zu Geschichte und Gegenwart mit individuellen Geschmacksurteilen über künstlerische Ausdrucksformen. Wo sonst Fachleute entscheiden, meint bei Kunst jeder Stifter wie Heimatverein oder Bürgermeister kompetent zu sein. Dass Kunst nicht eine Sache des guten Geschmacks, sondern eine Fachdisziplin der Kulturproduktion ist, scheint weiterhin infrage gestellt zu werden.

Im öffentlichen Auftrag
Diese Form der »Auftragskunst« greift auch im öffentlichen Raum weit zurück, noch vor die Emanzipationsgeschichte der »Kunst im eigenen Auftrag« – auf eine Zeit also, als Künstler dem Stifter nicht nur verpflichtet, sondern von ihm abhängig waren. Die Demarkationslinie zwischen beiden Genealogien scheint klar. Klassische Auftragskunst, die auch Bereiche wie Kunst am Bau einschließt, wird so lange als antiquiert gelten, solange sie sich nicht selbst einer Aktualisierung unterzieht und eine eigene Emanzipationsgeschichte entwickelt.
Auf künstlerischer Seite wäre dies durch eine perspektivische Korrektur möglich. Eine Verschiebung des Fokus hin zum »Kontext als Auftraggeber« könnte hier richtungsweisend sein. Wenn das Interesse der Künstler an einem Thema zusammenfällt mit den Interessen eines Initiators von Kunst, wandelt sich das hierarchische Verhältnis zugunsten einer Interessensgemeinschaft, die kooperativ handelt, anstatt ausführen zu lassen. Ein solches Modell zeigt Möglichkeiten auf, durch eine Neubewertung der Positionen die schwer zu umgehende Terminologie der Auftragskunst zu einer »Kunst im öffentlichen Auftrag« zu transformieren, deren Initiatoren die Stadtgesellschaften wie auch ihre Diskurse selbst sind. Dafür ist ein Umdenken der Politik, der Administration und Gemeinden, aber auch eine Neubewertung der Erinnerungskultur und ihrer Formen offensichtlich notwendig.

MARKUS AMBACH / KAY VON KEITZ
Der urbane Kongress
Ein Projekt zum Umgang mit Kunst im öffentlichen Raum

Das Konzept

Kunst im öffentlichen Raum ist von jeher ein komplexes Thema, das bis heute entsprechend kontrovers diskutiert wird. Zwischen Kunst am Bau, Denkmalfunktion und künstlerischer Selbstbehauptung in autonomen wie kontextbezogenen Werken und Interventionen soll sie Teil des gesellschaftlich-politischen Diskurses einer Stadtgemeinschaft sein. Dabei gelangen künstlerische Arbeiten auf unterschiedlichste Weise in die Stadt, sind administrative, institutionelle, bürgerschaftliche wie auch private Akteure daran beteiligt. Sie alle beanspruchen den öffentlichen Raum oder Teile davon für sich, sodass dessen Grenzen und Bedingungen einem steten Aushandlungsprozess unterworfen sind.

Stadt aktuell: Gemeinschaftsraum vs. Parzelle
Der öffentliche Raum kann also als Spiegel der Gesellschaft betrachtet werden und als ihre verräumlichte Kommunikation. Zerfällt dieser Raum in disparate Einzeläußerungen, so ist dies Ausdruck des Verlusts von Stadt als Gemeinschaftsraum. Ein Verlust, der sich – nicht nur in Köln – besonders im Fehlen einer gemeinschaftlichen Diskussions- und Entscheidungskultur zeigt. Kunst im öffentlichen Raum reiht sich zusammenhanglos in Form von Stiftergeschenken und Denkmälern, Kunst am Bau und planerischen Gestaltungsideen entlang des Bürgersteigs auf, statt Felder spannungsreicher Nachbarschaften zu bilden, die miteinander kommunizieren. Die kontrastreiche Heterogenität der Stadt zerfällt dabei in ein wahlloses Nebeneinander, das überdies noch durch städtische Möblierung, Parkpoller und Pflanzkübel unterteilt ist. Während das Bewusstsein für die Gemeinschaftlichkeit dieses Raums aus der Stadtgesellschaft verschwindet, drängt die ökonomische Verwertbarkeit des Öffentlichen in den Vordergrund. Die Stadt zeigt sich nicht mehr als zusammenhängender, aktiv kommunizierender Raum verschiedener Interessen und Positionen, sondern als ein Flickenteppich aus privatisierten Parzellen und ihren repräsentativen Selbstdarstellungen.

Devolution und Geschmacksurteil:
Lesen lernen statt abräumen
Dabei ist diese Devolution vom Gemeinschaftsraum Stadt zu einer privatisierten Öffentlichkeit eher das Ergebnis eines fehlenden Bewusstseins, vernachlässigter Bildungsprozesse und ermüdeter Aufmerksamkeit als von schlechter Kunst. Auch wenn einzelne Arbeiten die Frage nach ihrer Qualität durchaus nahelegen, legitimieren sie nicht die Ausweitung von persönlichen Geschmacksurteilen auf den gesamten öffentlichen Raum. Es kann bei einer Neuordnung von Kunst also nicht darum gehen, in konservative Auf- und Abräummechanismen zu verfallen. Vielmehr muss versucht werden, die interkommunikativen Fähigkeiten von stadträumlichen Elementen in ihren jeweiligen Nachbarschaften zu aktivieren, um wieder eine städtische Syntax herzustellen. Das Potenzial öffentlicher Räume, bei komplexen Interessensverhältnissen produktive Diskussionsprozesse zu ermöglichen, muss dabei im Zentrum stehen. Dadurch etabliert sich Stadt wieder als spannungsreicher Handlungsraum und vielschichtige Choreografie einer aktiven Stadtgesellschaft.

Praxis statt Repräsentation: Hoffnungsträger Köln

Um der Stadt eine neue Syntax zu geben, die sich gerade über Nachbarschaften unterschiedlicher Interessen und Haltungen, zeitlicher Schichtungen und ihrer jeweiligen Ausdrucksformen kommuniziert, ist eine Wende von der Repräsentation zur Praxis notwendig. Statt Entscheidungen über die Gestaltung öffentlicher Räume vor allem in der städtischen Administration zu treffen und zu steuern, muss die Stadtgesellschaft zukünftig selbst durch eine kontinuierliche Praxis die Gestaltung, Erhaltung und Verwaltung ihrer Räume verantworten und im engagierten Diskurs miteinander aushandeln. In Köln scheint es möglich, dauerhaft den Weg in eine sich aktiv für ihre Räume engagierende Stadtgesellschaft zu finden. Die Prozesse um das Opern- und Schauspielhaus-Ensemble haben besonders deutlich gezeigt, dass die Stadt über eine handlungsfähige Bürgerschaft verfügt. Diese Potenziale in langfristige Handlungsmodelle zu überführen ist wichtig.

Neue Syntax statt neuer Worte: *Der urbane Kongress*

Dafür steht *Der urbane Kongress*. Am Beispiel von Kunst im öffentlichen Raum entwickelt er ein Bewusstsein und ein Handlungsmodell für die Stadt als gemeinsam verantwortetem Raum. Beginnend mit öffentlichen Inszenierungen, Informations- und Diskussionsveranstaltungen wird die Wahrnehmung von bestehenden städtischen Zuständen und Zusammenhängen geschärft. Künstlerische Arbeiten wie auch Planungszusammenhänge werden neu beleuchtet und in ihrer Bedeutung verständlich. Auf der Basis der gewonnenen Erkenntnisse entsteht eine Konzeption für die Neuordnung von öffentlicher Kunst im Planquadrat, deren Umsetzung eine funktionierende städtische Syntax exemplarisch (wieder-)herstellen soll.

Die erarbeiteten Parameter werden zur Grundlage des Gesamtprojekts *StadtLabor für Kunst im öffentlichen Raum*, das in der Folge weitere Planquadrate bearbeitet. Das *StadtLabor* kann so zu einer sich selbst aktualisierenden, kontinuierlichen Praxis bürgerschaftlich verantworteter Stadtgestaltung werden – entwickelt und etabliert in vier aufeinander aufbauenden Stufen: Verstehen, Verhandeln, Verändern, Verlängern.

Verstehen: Inszenierung und Diskussion exemplarischer Situationen

Der urbane Kongress beginnt mit einem Programm, in dem komplexe Zusammenhänge von Kunst und öffentlichem Raum durch Inszenierungen vor Ort ins Bewusstsein der Stadtgesellschaft zurücktransportiert werden. Durch einfache flächen- und raumbildende Maßnahmen werden exemplarische Situationen und Arbeiten temporär reinszeniert, um sie hervorzuheben und zur Diskussion zu stellen. In öffentlichen Informationsgesprächen und Debatten mit Referenten und Protagonisten des öffentlichen Raums (Bürgerschaft, Planung, Verwaltung, Politik, Kultur, Kunst, Anlieger) geht man an diesen Orten den vielen Fragen nach, die sich heute aus dem Kontext von Kunst und Stadt ergeben.

Verhandeln: Ein Strukturplan für das Planquadrat

Nachdem ein solcher Verständniszugang gelegt worden ist, wird auf Grundlage der Analyse- und Debattenergebnisse eine Neuordnung des behandelten Gebiets erarbeitet: Welches Werk braucht einen neuen Kontext, ein verändertes Umfeld? Welches muss restauriert werden? Welche Arbeit benötigt eine »Neuorientierung« und »Denkpause«? Welche ist aus ihrem Kontext gerissen und somit unverständlich geworden? Parallel wird gemeinsam mit Künstlern, Eigentümern und städtischen Trägern nach Wegen gesucht, die erarbeiteten Pläne umzusetzen. Themen wie Ab- und Umbau, Verschiebung, Erhalt und Pflege, aber auch Neubau werden konkretisiert und auf technische und politische Machbarkeit geprüft.

Verändern: Die Neustrukturierung und das *Archiv für ungenutzte Kunst*

In dieser Phase werden die erarbeiteten Vorschläge umgesetzt. Bei der Neustrukturierung des

Planquadrats, in deren Rahmen Werke restauriert, versetzt oder entfernt werden sollen, entsteht für letztere das *Archiv für ungenutzte Kunst* auf einem prominenten öffentlichen Platz. Da Qualitätsurteile schwierig und zeitabhängig sind, manche Arbeiten im innerstädtischen Diskurs jedoch eine »Denkpause« zu benötigen scheinen, am Ort ihrer Aufstellung fragwürdig geworden sind oder sich dort in entwürdigenden Verhältnissen befinden, werden sie in das *Archiv für ungenutzte Kunst* aufgenommen. Die temporäre Auslagerung aus dem ursprünglichen Kontext bewirkt eine mögliche Neubewertung und Neuorientierung der Arbeiten. Gleichzeitig werden sie nicht einfach abgeräumt, sondern sie bleiben auf respektvolle Weise für alle sichtbar und finden womöglich neue Interessenten und Kontexte.

Verlängern: Das *StadtLabor* als Modell für zukünftige Selbstverantwortung

Um die aktive Stadtgesellschaft nicht nur modellhaft zu erproben, sondern konsequent zukunftsfähig zu machen, bedarf es eines Wandels von der Perspektive der Repräsentation hin zu einer Perspektive der Praxis. Dauerhaft selbst ausgeübte Verantwortung, die an folgende Generationen weitergegeben wird, muss Basis für das Handeln im öffentlichen Raum werden. Das *StadtLabor für Kunst im öffentlichen Raum* garantiert die Einschreibung solcher Praxis in das selbstverständliche Agieren der Stadtgesellschaft, indem es in einem festgelegten zeitlichen Rhythmus unter jeweils anderer Betreuung ein weiteres Planquadrat bearbeitet – und dadurch die geschaffenen Grundlagen und formulierten Ziele weiterentwickelt, ergänzt und auch sich selbst aktualisiert.

v. o. n. u.: Teil des *Reliefs* von Karl Hartung am WDR-Gebäude, Fassadenfiguren bei Foto Lambertin, Ewald Matarés *Taubenbrunnen* als Fahrradständer

Die Markierungen

Die im Grunde einfache Idee, durch geometrische, signalfarbene Zeichen typologisch und thematisch besonders markante Situationen von Kunst im öffentlichen Stadtraum – wie mit Textmarkern – visuell hervorzuheben und damit wieder bewusst zu machen, erwies sich als wirkungsvoll.

Mit der Präsentation der ersten von insgesamt vier installierten Markierungen in Form einer 200 Quadratmeter großen magentafarbenen Teppichfläche um die Situation von *Taubenbrunnen*, *Kreuzblume* und der dort massiv vorhandenen Stadtmöblierung wurde das Projekt *Der urbane Kongress* auf effektive Weise öffentlich eingeführt. Aber nicht nur als Blickfang für die Stadtgesellschaft, Touristen und Presse erfüllte das Magenta-Rechteck seine Aufgabe. Der *Taubenbrunnen* erfuhr durch die optisch neue Situation geradezu eine Renaissance: Viele Menschen, die hier am Kardinal-Höffner-Platz regelmäßig vorbeikommen, hatten die aus dem Jahr 1953 stammende Arbeit von Ewald Mataré neben der übermächtigen Replik der Domspitze noch nie bemerkt. Der kleine Brunnen, der sich in typisch zurückhaltender Nachkriegsästhetik dem Friedenssymbol der Taube widmet, verschwand förmlich im Schatten der *Kreuzblume*, die erst Jahrzehnte später aufgestellt wurde. Vor allem aber hat sich der Ansatz bestätigt, durch die Markierung alle »Player« auf dem Platz – also neben *Taubenbrunnen* und *Kreuzblume* auch Laternen, Parkpoller und Mülleimer – wieder sichtbar zu machen und so die kontextverändernde Übermöblierung städtischer Räume ins Blickfeld zu rücken.

Die zweite Markierung erzeugte neue Aufmerksamkeit für die Repräsentations- und Erinnerungsskulptur zu Johann Adam Schall von Bell, die in ihrem stadträumlichen Umfeld seltsam deplatziert wirkt. Sie wurde mit einer leuchtend grünen Fläche unterlegt und dadurch in ihrer Wahrnehmbarkeit ebenfalls wieder hervorgehoben. Die Frage, warum die marmorne Porträtfigur aus dem Jahr 1992, die einem Jesuiten und Chinareisenden des 17. Jahrhunderts gewidmet ist, gerade hier, ohne erkennbaren Bezug, auf dem Gehweg an der Minoritenkirche steht, wurde durch diese Maßnahme deutlich sichtbar thematisiert. Bei Anwohnern und Passanten wurde sowohl das Interesse für die Hintergründe dieser vom Bildhauer Werner Stötzer entworfenen Arbeit geweckt wie auch Diskussionen zu ihrem Standort ausgelöst, der so nicht nachvollziehbar ist und daher die Figur im Stadtraum verloren erscheinen lässt.

Als dritte Markierung wurde eine gelbe Kreisfläche an und in den *Opernbrunnen* auf dem Offenbachplatz gelegt. Diese bezeichnete die oft schwierige Schnittstelle von Stadtplanung, Architektur, Freiraumgestaltung und Kunst im öffentlichen Raum. Sind der Brunnen und die Platzgestaltung des Künstlers Jürgen Hans Grümmer aus dem Jahr 1966 als autonomes Kunstwerk oder als zeitgebundener »dienender« Teil innerhalb einer übergeordneten räumlichen Stadtgestaltung zu betrachten? Die Wahrnehmung als Kunstwerk ist im Laufe der Jahre in den Hintergrund getreten und wurde nun wieder zur Diskussion gestellt – aktuell vor

dem Hintergrund der Sanierungs- und Neugestaltungsmaßnahmen für das gesamte Opernquartier, die sich zu jenem Zeitpunkt gerade in Planung befanden. Ist der Brunnen noch zeitgemäß oder bereits von historischer Bedeutsamkeit, und müssen auch Dinge mit »Ewigkeitswert« im öffentlichen Raum auf ihre Verfallszeit hin überprüfbar sein?
Die vierte und letzte Markierung rückte mit einem Punktstrahler und einem orangefarbenen Kreisausschnitt die Frage nach Zeit und Akkumulation ins Licht: Ist Kolumba, das Kunstmuseum des Erzbistums Köln, als herausragendes Beispiel sedimentierter Stadt-, Architektur- und Kunstgeschichte auch ein Modell für allgemein anwendbare Strategien, wenn es um Erhaltung, Ergänzung, Überschreibung oder Neubeginn im städtebaulichen Kontext geht? Und welche Rolle kann und soll Kunst dabei spielen? Funktioniert das Gedächtnis einer Stadt vor allem über Materialisierungen? Ist die gebaute Stadt zugleich ihr eigenes Archiv und Spiegel kultureller Entwicklungen? Oder muss sie sich immer wieder radikal neu erfinden unter den Vorzeichen von Abriss und Neubau? Die Markierung am Gebäude von Kolumba fokussierte diese Fragestellungen mit einsetzender Dämmerung exakt an der Nahtstelle zwischen der Nachkriegskapelle von Gottfried Böhm und dem archäologie- wie kunstintegrierenden Museumsneubau von Peter Zumthor – und damit zugleich entlang eines Konflikts zwischen diesen beiden berühmten Architekten, der nun für immer in Stein eingeschrieben ist.

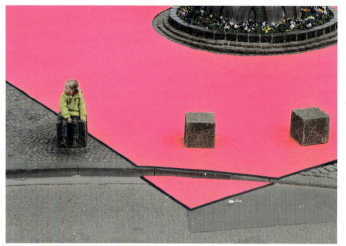

DIE MARKIERUNGEN

Die Veranstaltungen

Von Mitte April bis Mitte Mai 2012 wurden exemplarische Situationen von Kunst im Kontext des Stadtraums nicht nur durch temporäre Installationen markiert und damit ins Bewusstsein der Stadtgesellschaft geholt. Sie wurden vielmehr auch zum Schauplatz, Gegenstand und Ausgangspunkt für eine Reihe von öffentlichen Diskussionsveranstaltungen, die mit thematischen Rundgängen durch das Planquadrat verbunden waren. Dabei wurde die komplexe Gemengelage von Kunst und architektonisch-städtebaulichen Gegebenheiten gemeinsam betrachtet und analysiert, unterstützt von eingeladenen Referenten und Gesprächsteilnehmern, die vertiefende Informationen und weiterführende Thesen lieferten.

Gehen, sehen, verstehen
Ein Rundgang durchs Planquadrat

Der Status quo im Planquadrat zeigt eine disparate Gemengelage zwischen Qualität, Desinteresse und ungewollter Situationskomik. Höchst unterschiedliche Beispiele für Kunst im öffentlichen Raum wurden von den Projektverantwortlichen in Begleitung der Kunsthistorikerinnen Melanie Bono, Barbara Hess und Anja Nathan-Dorn auf einem gemeinsamen Spaziergang besucht und vorgestellt. Der Überblicksrundgang offenbarte die teilweise unverständliche Ansammlung von Arbeiten, die punktuell und unzusammenhängend in den Stadtraum eingebracht erscheinen. Offensichtlich ist, dass diverse Protagonisten mit ihren persönlichen Interessen den öffentlichen Raum bespielen, wobei es zwischen den Einzelereignissen keine verbindende Organisation gibt. Folgende kritische Stellungnahmen lassen sich aus dem Rundgang als Handlungsempfehlungen zusammenfassen:

Das Nebeneinander verschiedenster Arbeiten kann nicht sinnfällig als Nachbarschaft behandelt und diskutiert werden. Die einzelnen Akteure handeln ohne Rücksicht auf diese Nachbarschaften. Die Überfrachtung bestimmter Situationen führt zur Unlesbarkeit eigentlich interessanter Arbeiten und Situationen. Folgerung: Der Austausch zwischen den verschiedenen Akteuren aus Kunst, Stadtplanung, Architektur und privaten Anliegern muss eine Plattform und entsprechende Organe erhalten, die die Kommunikation zwischen den Protagonisten und anstehenden Maßnahmen steuern.

Stadtmöblierungen wie Parkpoller, Pflanzkübel, Hinweisschilder und diverse Infrastrukturobjekte verstellen zunehmend die städtischen Räume und stören die vorhandenen Arbeiten. Folgerung: Die Reduktion von solchen Objekten ist Aufgabe der Stadtverwaltung und der Gesellschaft, die durch ihr Verhalten (zum Beispiel durch Missachtung von Parkverboten und verantwortungsloses Handeln im Stadtraum) bestimmte Maßnahmen notwendig macht. Eine Aktivierung der Selbstverantwortung von Bürgern kann durch deren stärkere Teilnahme an Entscheidungsprozessen erfolgen.

Die Auswahl der künstlerischen Arbeiten im Bereich der Denkmalkultur scheint oft nicht mehr zeitgemäß und in der Qualität problematisch. Auch andere Auswahlmechanismen wie Fassadengestaltungen oder Skulpturen vor Firmensitzen, die zwar privat entschieden werden, aber das Bild des öffentlichen Raums prägen, sind oft undurchsichtig und werden nicht von aktuellen Qualitätskriterien, sondern von privaten Geschmacksurteilen bestimmt. Folgerung: Privaten Stiftern und Akteuren sollte ein beratendes und steuerndes Gremium (zum Beispiel Kunstbeirat, *StadtLabor* – eventuell mit Weisungsbefugnis) an die Seite gestellt werden, um hier eine höhere Qualität und für die Stifter größere Akzeptanz und Bedeutung zu generieren.

Die Aufstellungsorte sind oft nicht nachvollziehbar, und der Kontext der Arbeiten wird nicht in regelmäßigen Abständen auf seine (noch bestehende) Stimmigkeit überprüft. Folgerung: Da die Kontextualität von Arbeiten für ihre funktionierende Kommunikation mit dem Stadtraum entscheidend ist, sollte in regelmäßigen Zeitabständen eine Überprüfung des jeweiligen Standorts und seines Umfelds durch ein Gremium erfolgen.

Manche Arbeiten befinden sich in einem schlechten, nicht funktionierenden Zustand. Auch Vandalismusschäden und unterlassene Pflege führen zu einem mangelhaften Auftritt von Kunst im öffentlichen Raum. Solche Arbeiten können ihre Wirkung nicht mehr entfalten und geben ein verzerrtes, entstelltes Bild ab, das nicht von ihrer eigentlichen Qualität, sondern von ihrem unwürdigen Zustand herrührt. Folgerung: Alle Arbeiten im öffentlichen Raum müssen von der öffentlichen Hand, Stiftern und Investoren regelmäßig gewartet und gepflegt werden, da die Arbeiten sonst zu unrecht als schlecht oder gar störend bewertet werden. Dieser Pflegeaufwand sollte schon bei der Aufstellung von Arbeiten berücksichtigt und in der Verantwortlichkeit klar zugeordnet werden.

Die beeindruckende Anzahl von rund 100 Arbeiten im Planquadrat täuscht darüber hinweg, dass sich darunter nur sehr wenig aktuelle Kunst mit einem relevanten Zeitbezug befindet. Beim überwiegenden Teil handelt es sich um Fassadenschmuck oder Denkmäler, die einen klaren Zweck verfolgen. Freie Arbeiten, die in einen Dialog mit Stadt und Stadtraum treten, sind äußerst selten. Gerade diese Arbeiten stellen aber wichtige Fragen im Zusammenhang mit der Wirkung von Kunst im öffentlichen Raum. Folgerung: Es müssen geeignete Strukturen geschaffen werden, um solche Arbeiten zu fördern und (temporär) zu vermehren. Dazu sind insbesondere die derzeitigen Regeln für Kunst am Bau, durch die die meisten Werke in den öffentlichen Raum gelangen, zu überprüfen. Es sollte ermöglicht werden, öffentliche Gelder aus Maßnahmen für Kunst am Bau von den betreffenden Bauwerken auf andere Orte zu verlagern, an denen sie sinnvoller eingesetzt werden können. Auf diese Weise werden auch solche Orte miteinbezogen, für die sonst keine Gelder zur Verfügung stehen, die aber für künstlerisches Handeln interessant und stadträumlich wichtig sind.

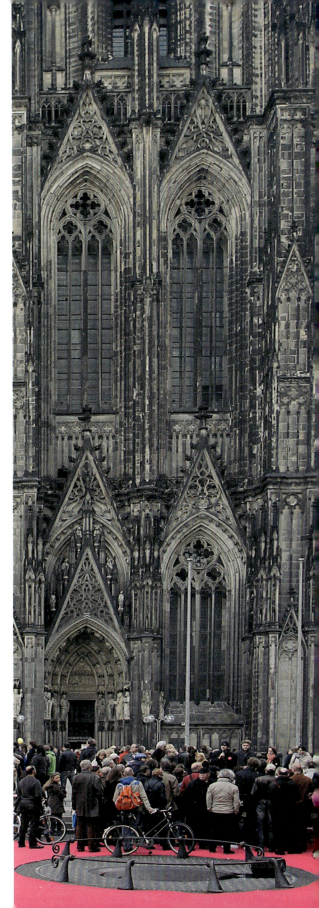

Abb. S. 42 / 43
Markierung der exemplarischen Situation von *Taubenbrunnen*, *Kreuzblume* und Stadtmöblierung auf dem Kardinal-Höffner-Platz

Abb. S. 45–47
Öffentliche Rundgänge und Veranstaltungen des Projekts *Der urbane Kongress*

BARBARA HESS
Gehen, sehen, (nicht) verstehen
Unterwegs im Planquadrat

Der Stadtraum als begehbares Ab- und Nachbild historischer, kultureller und gesellschaftlicher Prozesse ist offenkundig prädestiniert dazu, ziemlich grundsätzliche Fragen zum Urbanismus aufzuwerfen, wie sie beispielsweise auch Bertolt Brecht durch den Kopf gingen: »Wer erbaute das siebentorige Theben? [...] Wohin gingen an dem Abend, wo die Chinesische Mauer fertig war, die Maurer?«[1] Und weiter ließe sich fragen, auf welchen Wegen die unterschiedlichsten künstlerischen und nichtkünstlerischen Objekte und Monumente in den öffentlichen Raum kamen, welche Funktionen sie dort erfüllen sollten oder tatsächlich erfüllen, in welchem Zustand und Umfeld sie sich heute befinden und welche von ihnen sich inzwischen womöglich überlebt haben. So lag das Augenmerk der geführten Rundgänge durch das innerstädtische Planquadrat, die *Der urbane Kongress* im Frühjahr 2012 organisierte, nicht ausschließlich, aber vor allem auf den Prozessen im öffentlichen Raum, die die bildende Kunst betreffen. Die Anzahl der Kunstwerke im gesamten Kölner Stadtraum, die sich erwartungsgemäß in der Innenstadt verdichten, hatte sich schon im Vorfeld als überraschend hoch erwiesen. Ihre Inventarisierung und Zustandserfassung, die 2009 auf Initiative des Kunstbeirats am Institut für Restaurierungs- und Konservierungswissenschaft der Fachhochschule Köln erstellt wurden, vermerken annähernd 500 Objekte.[2] Entsprechend zahlreich sind auch die Fragen, mit denen diese die Öffentlichkeit konfrontieren.

Verstehen, nicht »Liken«
Das Zufußgehen gilt als Aspekt einer kulturwissenschaftlichen, in den 1980er-Jahren durch den Soziologen Lucius Burckhardt begründeten Methode, der Promenadologie, die sich hervorragend zur schrittweisen Erschließung und Reflexion einer urbanen Umgebung, ihrer Geschichte und aktuellen Verfassung eignet. Ansätze zu einer Promenadologie *avant la lettre* lassen sich allerdings viel weiter zurückverfolgen, etwa bis zu Johann Gottfried Seumes Reisebericht *Spaziergang nach Syrakus im Jahre 1802*, der vor einiger Zeit – buchstäblich im Nachgang zu Seume – in Christian Friedrich Delius' *Spaziergang von Rostock nach Syrakus* aus dem Jahr 1995 ein deutsch-deutsches Echo fand.
Gehen, sehen, verstehen lautete entsprechend der Titel einer der geführten Spaziergänge durch das Planquadrat. Ein solcher Titel deutet auch auf Diskurse des Nichtverstehens und deren mögliche rhetorische Funktion hin. So versuchte Theodor W. Adorno in den späten 1950er-Jahren, als die Debatte über die abstrakte Malerei Gegner und Befürworter in zwei Lager spaltete, der auch damals verbreiteten Rede vom Nichtverstehen auf den Grund zu gehen; seine Überlegungen lassen sich jedoch ebenso auf andere Kunstgattungen und -richtungen wie auch auf nicht-

künstlerische Phänomene übertragen. Die Äußerung »Das verstehe ich nicht« machte den Philosophen skeptisch: »Hinter dem Zugeständnis, es liege an einem selbst«, befand er, »lauert urteilslose Verdammung« – sei es aus bloßem Ressentiment oder aus populistischem Kalkül. Doch sollten Ablehnung oder Befürwortung neuer Kunst, so Adorno, nicht einer kunstfremden Auffassung »vom Geschmack als bloßer Vorliebe oder Abneigung« folgen: »Man kann nicht, in plumper Analogie zu den Spielregeln des Parlamentarismus, für oder gegen neue Kunst sich entscheiden [...]. Mit dem Gestus der Liberalität wird unterschlagen, worauf es in ästhetischen Kontroversen zuallererst ankommt, die Beziehung zum Gegenstand selbst.«[3] Eine Beziehung, die für Adorno auf der Bereitschaft beruhte, »der Disziplin sich [zu] unterwerfen, die jedes einzelne qualitativ neue Werk dem Betrachter oder dem Hörer auferlegt«[4]. Also galt es, auch auf den Rundgängen durch das Planquadrat eine nicht bloß auf Liken oder Nicht-Liken reduzierte Rezeption, sondern eine prozesshafte Auseinandersetzung mit dem künstlerischen Gegenstand und seinem topografischen und sozialen Kontext buchstäblich in Gang zu setzen.

Zwei Arten von »Möblierung« des öffentlichen Raums
Zu den vielfältigen Phänomenen am innerstädtischen Wegesrand gehören auch die unterschiedlichen öffentlichen wie privaten Formen von »Stadtmöblierung«, oftmals eine Okkupation des öffentlichen Raums durch auf den Gehweg gestellte Waren, Blumenkübel und Poller sowie durch diverse funktionale Objekte. »Das ist nicht mehr ein kommunaler Raum, der allen zukommt und keinem gehört«, wie Friedrich Wolfram Heubach einwandte, »sondern nur mehr eine von jedem für sich usurpierte, von partikularen Interessen und Bedürfnissen zernierte und von keinem verbindlicheren Allgemeinen zeugende Örtlichkeit. Was dieser Örtlichkeit geblieben ist von den Funktionen, die einst der ›öffentliche Raum‹ erfüllte, ist hauptsächlich das, wofür in diesem früher die Bedürfnisanstalten standen: – das Machen kleinerer oder größerer Geschäfte.«[5]
Es geht allerdings auch anders. So finden – oder fanden – sich im Planquadrat alternative Formen einer »Möblierung« des öffentlichen Raums, die die Aufenthaltsqualität im Sinne einer ästhetischen Erfahrung steigern und zur Verständigung über diese anregen. In dieser Hinsicht bemerkenswert ist nicht nur die von Otto Piene gestaltete, seit Langem restaurierungsbedürftige kinetische Plastik *Licht und Bewegung* von 1966 an der Fassade des ehemaligen Kaufhauses Wormland in der Hohen Straße, sondern auch die ebenfalls großzügig dimensionierten Werke von Joseph Fassbender und Karl Hartung, die sich den Passantinnen und Passanten – um im Bild der »Möblierung« zu bleiben – als »Steintapete« und »Steinteppich« präsentieren.

An zwei Wänden von Gebäuden des Westdeutschen Rundfunks in der Röhrergasse und An der Rechtschule, zwischen denen die Nord-Süd-Fahrt verläuft, bewegt man sich an monumentalen Steinreliefs entlang, die auch heute noch einen prägnanten Eindruck davon vermitteln, wie einflussreich Ende der 1950er- und Anfang der 1960er-Jahre das umstrittene Diktum von der »Weltsprache Abstraktion« im kulturellen Feld der Bundesrepublik war.[6] Die beiden abstrakten Wandgestaltungen des Bildhauers Karl Hartung – die eine, archaischer wirkende, aus rötlichem Tuffstein, die andere surrealer, mit organischen Wölbungen und Vertiefungen in weißem Carrara-Marmor – sind mit ihren beachtlichen Dimensionen von über 20 beziehungsweise über 90 Metern Länge geradezu ein Symbol für den langen Atem und die behauptete »Kontinuität« der abstrakten Kunst; diese reichte von den Vorkriegsavantgarden bis zur Nachkriegsmoderne, mit dem abgründigen, konträren »Intermezzo« der Helden- und Mutterkult-Bilder, die das nationalsozialistische Weltbild bebildert hatten. Prominent an den Außenmauern des WDR 1958 und 1961 installiert, bilden Hartungs *Reliefs* bis heute ein plastisches Aushängeschild für einen fortschrittlichen Kulturträger.

»Etwas fehlt«
Ende der 1960er-Jahre ergänzte der WDR die beiden vertikalen Arbeiten an seinen Gebäuden um ein horizontales Werk des Kölner Künstlers Joseph Fassbender: einen 1968 fertiggestellten, ungefähr 700 Quadratmeter großen Steinteppich aus Marmor und Granit auf dem Hanns-Hartmann-Platz an der Breiten Straße. Ähnlich wie Karl Hartung war auch Fassbender im westdeutschen Nachkriegskunstbetrieb ein führender Vertreter der Abstraktion und Teilnehmer der ersten drei Kasseler documenta-Ausstellungen. Den Bürgerinnen und Bürgern ein Kunstwerk in Form einer abstrakten, schwarz-weißen Pflasterung praktisch zu Füßen zu legen, passte gut in die gesellschaftliche Aufbruchsstimmung der Zeit mit ihrem Slogan »Mehr Demokratie wagen«. So konnte man in Fassbenders Bodengestaltung nicht nur einen formalen Verweis auf die avancierte Malweise des Abstrakten Expressionisten Jackson Pollock sehen, der seine Leinwände auf dem Boden ausgebreitet hatte, um sie von allen Seiten mit getropfter und geschleuderter Farbe zu bearbeiten; ebenso schien sich in ihr eine Haltung auszudrücken, wie sie wenige Jahre zuvor ein anderer Amerikaner, der Bildhauer Carl Andre, zu seinen auf dem Boden ausgelegten begehbaren Werken formuliert hatte: »Alles, was ich tue, ist Brancusis *Endlose Säule* auf die Erde zu legen, statt in den Himmel zu stellen. […] Die engagierte Haltung ist die, am Boden entlang zu laufen.«[7]
Heute sucht man Fassbenders Paviment jedoch vergebens. An dessen Stelle steht ein gastronomisches Angebot, das man so auch überall anderswo finden könnte. Trotz

eines breiten Engagements für den Erhalt des Werks – durch die Nachlassverwalter, den Rheinischen Verein für Denkmalpflege, den Kunstbeirat und andere Akteure – wurde dieses abgeräumt, auf öffentlichen Druck jedoch wenigstens auf fachgerechte Weise, die eine spätere Wiederherstellung an anderer Stelle, vor der Volkshochschule am Josef-Haubrich-Hof, ermöglicht.[8] So ist mit der Brecht'schen Erkenntnis »Etwas fehlt« immerhin noch ein utopisches Moment verknüpft.[9]

Man könnte – in Abwandlung der Kritik des Journalisten Andreas Rossmann am »administrativen Vandalismus« mittels Vernachlässigung – hier von »legitimem Vandalismus« sprechen. Denn es steht selbstverständlich jedem frei, mit seinem Privatbesitz nach Belieben zu verfahren und beispielsweise den eigenen Rembrandt als Bügelbrett zu benutzen.[10] Doch wirft die in Kauf genommene Zerstörung eines Kunstwerks wie dem von Fassbender – ähnlich wie die Veräußerung von Kunstwerken aus dem Sammlungsbestand der ehemaligen WestLB – die Frage nach den Prioritäten auf. Der Kunstbesitz von Institutionen, die sich zu erheblichen Teilen durch Steuern und Beiträge finanzieren, ist zweifellos dazu geeignet, eine breite Öffentlichkeit daran partizipieren zu lassen – insbesondere, wenn dies zur Erfüllung ihres Bildungsauftrags beiträgt.

Die Konversion eines ehemals frei zugänglichen, künstlerisch gestalteten Platzes in eine weitere Zone des Konsums in einem vom Konsum bereits überdeterminierten Umfeld ist für die Kölner Innenstadt ein Substanzverlust, der für Entwicklungen in einer Zeit der schwindenden öffentlichen Budgets, der Privatisierung und Kommerzialisierung – und der damit einhergehenden sozialen Ausgrenzung – symptomatisch ist. Politik und Verwaltung sollten alles daransetzen, in solche Erosionsprozesse einzugreifen und sie – im Interesse einer breiten Öffentlichkeit – in eine Stadtentwicklung umzuleiten, die nicht um jeden Preis marktorientiert ist. Dass umgekehrt das mitunter hartnäckige Festhalten an Objekten im öffentlichen Raum oft am wenigsten mit künstlerischen Fragestellungen, sondern eher mit Stadtmarketing zu tun hat – auch hierfür gibt es im Planquadrat mehr als ein Beispiel. Eines, das im Rahmen von *Der urbane Kongress* intensiv diskutiert und zur Versetzung vorgeschlagen wurde, ist nicht einmal ein Kunstwerk: der Abguss der Kreuzblume des Kölner Doms, der dem benachbarten filigranen und diskret auf dem Boden bleibenden *Taubenbrunnen* des Bildhauers und Beuys-Lehrers Ewald Mataré buchstäblich die Schau stiehlt.

Die unästhetische Demokratie oder das Problem des Plebiszitären
Der Kunsthistoriker Walter Grasskamp hat die Schwierigkeit, in einer breiten gesellschaftlichen Debatte über die Qualität – oder auch nur die Notwendigkeit – von Kunst im öffentlichen Raum auf einen gemeinsamen Nenner zu kommen, einmal in

der launigen Allegorie des konsensfähigen Schneemanns auf den Punkt gebracht: »populär, in seinem Symbolgehalt kollektiv verankert, billig und vor allem nicht von Dauer.«[11] Anders gesagt: Künstlerische Entscheidungen sind keine Wahlen. Die öffentliche Sichtbarkeit von Kunst im städtischen Außenraum und die Tatsache, dass ihre Realisierung im Rahmen eines geregelten Verfahrens stattfinden soll, bringt häufig das Missverständnis hervor, auch ihr Entstehungsprozess sei grundsätzlich partizipativ zu verstehen. An der Kontroverse über das Projekt eines temporären *Archivs für ungenutzte Kunst*, das *Der urbane Kongress* konzipiert hat, ist dieses Missverständnis exemplarisch sichtbar geworden – womöglich ja, um es am Ende einer Klärung zuzuführen. Tatsächlich handelt es sich um ein innovatives Ausstellungsformat, das darauf abzielt, eine begrenzte Anzahl von bedeutenden Skulpturen, die im öffentlichen Raum derzeit buchstäblich auf verlorenem Posten stehen, neu zu präsentieren und zur Debatte zu stellen – und zwar sinnfällig an einem zentralen und entsprechend stark frequentierten innerstädtischen Ort in unmittelbarer Nachbarschaft eines anderen, real existierenden »Archivs für ungenutzte Kunst«: der antiken Fragmente im Außenbereich des Römisch-Germanischen Museums. Es gab wohl keinen Aspekt dieses Vorhabens, sei es Titel, Inhalt, Standort oder Dauer, der nicht von dem einen oder anderen Akteur des kulturpolitischen Felds, wie aus Feuilleton, Politik oder privaten Kulturinstitutionen, mit Änderungsvorschlägen überhäuft, wenn nicht gar im Vorfeld unterminiert oder polemisch verrissen worden wäre.[12]

Dabei herrscht in der Debatte zu Mehrheitsentscheidungen über Kunst Einigkeit darüber, dass diese problematisch sind. »Eine Gesellschaft, die sich darauf geeinigt hat, Kunst als integralen Teil ihrer Kultur zu akzeptieren«, schrieb der Kunsthistoriker Peter Geimer angesichts eines gescheiterten Züricher Vorhabens in der *Frankfurter Allgemeinen Zeitung*, »kann diese Akzeptanz nicht bei Bedarf aus den Angeln heben, die Arbeit von Jurys annullieren und Kunst mal durchwinken, mal im Kollektiv zu Fall bringen. Künstlerische Projekte, ganz gleich, ob man sie im Einzelfall schätzt oder nicht, lassen sich nicht taxieren wie eine lokale Umgehungsstraße oder ein Flächennutzungsplan.«[13] Zahllose Meilensteine der Kunstgeschichte, die schließlich auch zu wirtschaftlich erfolgreichen Anziehungspunkten für Millionen von Touristen wurden, hätten den plebiszitären Test im ersten Durchgang nicht überstanden. Dass anspruchsvolle, qualifizierte Konzepte immer auch Widerstände hervorrufen, kann man daher optimistischerweise auch als Hinweis auf ihre Nachhaltigkeit deuten.

1 | Aus Brechts Gedicht »Fragen eines lesenden Arbeiters« (um 1935).
2 | Die Zustandserfassung der Kunst im öffentlichen Raum wurde der Stadt Köln vorgelegt von Katarzyna Kmiotek-Nogalski, Karin Konold und Verena Panter, unter Leitung der Professorin Friederike Waentig, Institut für Restaurierungs- und Konservierungswissenschaft an der Fakultät für Kulturwissenschaften der Fachhochschule Köln. Die Zustandserfassung bildete auch die Grundlage für eine Bilddatenbank des Bestands; siehe die Rubrik »Projekte/Kunst im öffentlichen Raum« auf http://www.kulturelles-erbe-koeln.de [02.03.2015].
3 | Adorno, Theodor W.: »Vorschlag zur Ungüte«, in: *Baden-Badener Kunstgespräche 1959. Wird die moderne Kunst »gemanagt«?*, Baden-Baden und Krefeld 1959, S. 37–45, hier: S. 38 f.
4 | Ebd.
5 | Heubach, Friedrich Wolfram: »›Kunst im öffentlichen Raum‹ oder Ein Gemeinplatz und sein Elend«, in: *SITE 6*, hrsg. von Petra Rinck und Ralf Brög, Mai 2002, S. 10–17, hier: S. 11.
6 | »Die Kunst ist abstrakt geworden«, behauptete Werner Haftmann bekanntlich einseitig im Katalogvorwort zur documenta II im Jahr 1959. Karl Hartung nahm 1955, 1959 und 1964 an der documenta teil.
7 | Zit. nach Enno Develing: »Skulptur als Ort« [1970], übersetzt von Christoph Hollender, in: *Minimal Art. Eine kritische Retrospektive*, hrsg. von Gregor Stemmrich, Dresden und Basel 1995, S. 245–254, hier S. 247.
8 | Auch die fachgerechte Erfassung und Dokumentation für eine spätere Neuinstallation von Fassbenders Bodenarbeit verdankt sich dem Einsatz des Instituts für Restaurierungs- und Konservierungswissenschaft an der Fakultät für Kulturwissenschaften der Fachhochschule Köln.
9 | Siehe »Etwas fehlt ... Über die Widersprüche der utopischen Sehnsucht. Ein Gespräch mit Theodor W. Adorno« (1964), in: *Gespräche mit Ernst Bloch*, hrsg. von Rainer Traub und Harald Wieser, Frankfurt am Main 1975, S. 58–77.
10 | So lautete bekanntlich Marcel Duchamps Vorschlag für ein »reziprokes Readymade«.
11 | Grasskamp, Walter: »Invasion aus dem Atelier. Kunst als Störfall«, in: *Unerwünschte Monumente. Kunst im Stadtraum*, hrsg. von Walter Grasskamp, 2. Aufl. München 1993, S. 141–169, hier: S. 152; siehe auch ders.: *Die unästhetische Demokratie. Kunst in der Marktgesellschaft*, München 1992.
12 | Zwar sind alle Kunstprojekte im öffentlichen Raum auf Prozesse des Verstehens angelegt und angewiesen, doch beruhen nur manche auf unmittelbarer Partizipation der Bevölkerung. Ein lokales Beispiel hierfür ist das ebenfalls im Rahmen des *StadtLabors* 2013 für den Stadtteil Deutz initiierte Projekt der Gruppe WochenKlausur, deren Mitglieder nicht selbst Kunstwerke kuratierten oder herstellten, sondern die Rolle übernahmen, das gestalterische Engagement der Anwohnerinnen und Anwohner zu aktivieren oder zu moderieren, um die Lebensqualität im Stadtteil zu verbessern. Siehe hierzu http://www.wochenklausur.at/projwahl.php?lang=de [02.03.2015].
13 | Geimer, Peter: »Thomas Demands ›Nagelhaus‹. Darf ein Volksentscheid Kunst verhindern?«, in: http://www.faz.net/aktuell/feuilleton/kunst/thomas-demands-nagelhaus-darf-ein-volksentscheid-kunst-verhindern-11036977.html [04.03.2015].

Bronzeplastik *Sappho* (1887/1925)
von Antoine Bourdelle
auf dem Offenbachplatz

Neue Nachbarschaften
Innerstädtische Kommunikation als Bild und Strategie

Mit erstaunlicher Ignoranz werden mancherorts künstlerische Arbeiten und Stadtmöblierung, historische Architektur und aktuelle Planung nebeneinander abgestellt. Wie kann man ein neues kommunikatives Miteinander von stadträumlichen Elementen herstellen? Wie kann eine produktive Wechselwirkung von Kunstwerken untereinander und zugleich mit ihrem jeweiligen Umfeld entstehen? Welche Möglichkeiten bieten Neuplatzierungen und Neuinszenierungen von Arbeiten im Rahmen eines aktualisierten Aufstellungskonzepts? Und welche Maßnahmen und Instrumente sind erforderlich, um eine ästhetisch-konzeptionelle Verwahrlosung öffentlicher Räume zu verhindern? Die Gesprächspartner bei einem Rundgang auf und unter der Domplatte waren der Architekturtheoretiker Andreas Denk, die ehemalige Kölner Stadtkonservatorin Hiltrud Kier und der für die Neugestaltung der Domumgebung verantwortliche Architekt Ludwig Wappner.

Die Diskussion begann mit der Thematisierung der Situation von *Kreuzblume* und *Taubenbrunnen*, die als exemplarisch für die gesamte Domumgebung betrachtet wurde. Die drei Gesprächsprotagonisten nahmen drei sehr unterschiedliche Standpunkte ein, die es ermöglichten, die nachbarschaftlichen Situationen rund um den Dom kontrovers zu diskutieren. Dabei wurde klar, dass gerade die Geschichte der *Kreuzblume* ein typischer Fall ist: 1980 als temporäres Außenraummodell zur Begleitung einer Ausstellung gedacht, blieb sie wegen des großen Bürger- und Touristeninteresses stehen, bis das Objekt nach zehn Jahren von einem Sturm zerstört wurde. Die danach als Betonguss angefertigte Replik, die bis heute den Platz besetzt, verdrängt seitdem dauerhaft die Aufmerksamkeit für den *Taubenbrunnen* von Ewald Mataré, der damit schon vor dem Bau der Domplatte ein zurückhaltendes Nachkriegs-»Monument« und Friedenssymbol geschaffen hatte. Durch die schleichende Verewigung solcher Objekte im öffentlichen Raum sind entsprechende Warnungen also durchaus begründet: Was temporär gedacht ist, sollte auch temporär bleiben. Darüber hinaus laden Akkumulationen dieser Art offensichtlich zu weiteren unsensiblen Objektplatzierungen ein.

Hildtrud Kier sprach sich entschieden für den präzisen kulturellen Umgang mit Artefakten aus und führte zu einer noch skurrileren Situation in das Parkhaus unter der Domplatte. Hier befindet sich inmitten der abgestellten Autos, nur für versierte Besucher erkennbar, der älteste Brunnen Kölns. Andreas Denk hingegen verwies auf die ganz eigene »Schönheit« und Lebendigkeit solch urbaner Situationskomik und brach eine Lanze für Parkpoller und Co. Seiner Ansicht nach zeigt sich gerade in diesen äußerst ungeschickten Gestaltungsgesten ein Kommunikationspotenzial, das eine im Allgemeinen wohlsortierte Stadt wieder als Verhandlungsraum öffnet. Was wäre die Stadt ohne diese Brechungen und Verwerfungen anderes als ein kontrollierter Raum, dem jegliche Spontaneität und Zufälligkeit abhanden gekommen ist? Da musste Ludwig Wappner selbstverständlich dagegenhalten: Zwischen der Sympathie für eine kreative Unordnung und dem Streben nach einer klaren und kulturell prägnanten Organisation des Stadtraums sah er noch andere Möglichkeiten. Im Zusammenhang mit den aktuellen Planungen zum Umbau der Domumgebung wurden die Umstände und hoch komplizier-

ten Verhandlungen deutlich, die nötig sind, um alle Anlieger einer städtischen Situation zusammenzubringen. Die Einzelinteressen aller Eigentümer, Institutionen, (früheren) Architekten und Künstler zum Beispiel rund um den Dionysoshof abzugleichen und die schwierige Situation neu zu entwickeln, scheint für einen konsequenten Entwurf eine schier unüberwindbare Barriere. Es lassen sich Beispiele finden, wie gerade Künstler mit ihrem Urheberrecht zukunftsfähige Entwicklungen ganzer Stadtbereiche blockieren können (siehe etwa die Arbeit *Ma'alot* von Dani Karavan, die die Gestaltung des Heinrich-Böll-Platzes vor dem Museum Ludwig mit einschließt). Wenn Kunst am Leben und an der Wandlungsfähigkeit der Stadt aktiv teilnehmen will, muss sie sich selbst die Frage stellen, ob und wie lange eine Arbeit an einem Ort sinnvoll ist, oder ob eine Modifikation geboten ist. Das sture Beharren auf dem verbrieften Bleiberecht instrumentalisiert den öffentlichen Raum als Privatmuseum des Künstlers und stellt ihn außerhalb dynamischer Stadtentwicklungsdiskussionen.

Folgende Stellungnahmen lassen sich aus dem Rundgang zusammenfassen: Gute Nachbarschaften sind auf gute Beziehungen untereinander gegründet. Die Stadt produziert durch ihre heterogenen Elemente heterogene Sequenzen, in denen historische und aktuelle Erzählungen ineinanderfließen. Um das sinnvolle Miteinander dieser Elemente zu garantieren, bedarf es einer intensiven Kommunikation zwischen bürgerschaftlichen, politischen und administrativen Verantwortungsträgern. Problematische Situationen entstehen im Wesentlichen durch die Missachtung der Interessen der anderen beziehungsweise durch den

Abb. S. 57
v. l. n. r.: Stifter-Denkmal *Ferdinand Franz Wallraf*, Fassadenskulptur *Licht und Bewegung*, Denkmal *Josef Kardinal Frings*

Abb. S. 58
Öffentlicher Rundgang im Umfeld der Domplatte mit Katja Baudin, Andreas Denk, Hiltrud Kier und Ludwig Wappner

Abb. S. 59
Dionysos-Brunnen (1973) von Hans Karl Burgeff

Granitstele *Columne pro Caelo* (1984)
von Heinz Mack
auf dem Roncalliplatz

fehlenden Austausch von Informationen über Zusammenhänge und Hintergründe. Sinnvoll wäre die Schärfung des Blicks für die unterschiedlichen Perspektiven und Standpunkte in dafür geeigneten Gruppen oder Gremien. Das Verständnis für die anderen bedingt eine erhöhte Aufmerksamkeit jenseits des eigenen Tellerrands.

Ein spielerischer Umgang mit den Heterogenitäten und das Nutzen ungewöhnlicher Konstellationen erhalten der Stadt eine vitale und überraschende Komponente. Überregulierung und Disziplinierung schaden innovativen Entwicklungsmomenten, die nicht geplant werden können, sondern aus dem Unbekannten und Unerwarteten entstehen. Die Stadtgesellschaft muss darüber nachdenken, wie sie produktive Phänomene, die sich an den Peripherien, an den Nahtstellen zwischen unterschiedlichen Bereichen und Disziplinen feststellen lassen, strukturell integrieren kann. Freie Zonen für eigenwillige Aktivitäten, unbesetzte Orte, die den Menschen überlassen werden, oder Flächen jenseits ökonomischer Zwänge können kreative Potenziale in der Stadt halten und befördern.

Bei der Gestaltung öffentlicher Räume muss jeder Einzelne seine privaten Interessen, die er dort einbringt, kritisch überprüfen. Ob etwas Bestand haben oder dem Neuen Platz machen soll, muss von Fall zu Fall diskutiert werden. Für Architekten wie Künstler gilt: Ewige Bleiberechte im öffentlichen Raum sind fragwürdig. Wer sich Entwicklungsnotwendigkeiten verschließt, stellt sich selbst außerhalb von »natürlichen« Aktualisierungsprozessen. Gleichzeitig gilt es, den rein ökonomisch motivierten Wachstumswellen Einhalt zu gebieten und die Stadt als komplexen Zeit-Raum-Körper zu erhalten. Wer historische Zeugnisse sinnlos durch Neues ersetzt, verspielt die Chance einer Stadt zwischen Geschichte und Zukunft, eines Diskurses der Dekaden und Jahrhunderte, der sich in der Stadt verräumlicht.

ANDREAS DENK

Die Stadt als Resterampe?
Zehn Gesetze des öffentlichen Raums

Alle paar Monate muss man als Teilnehmer der Veranstaltung »Gesellschaft« eigentlich in ein ortsübliches Möbelhaus fahren oder gar zum Einrichtungshipster IKEA, will man sich über ein wesentliches Moment des Selbstverständnisses eines größeren Teils der in Deutschland lebenden Menschen Klarheit verschaffen. Denn an solchen Stätten lässt sich bestens ihr Wohn- und Einrichtungsverhalten erkennen, das in einer Übertragung der Grundgedanken Martin Heideggers zum »Bauen Wohnen Denken«[1] hier als »Einrichten in der Welt« verstanden werden soll.
Aus ästhetischer Sicht ist mit dieser Feldforschung die Möglichkeit verbunden, sich auf den aktuellen Stand der Geschmacksbildung einer breiten Schicht der Bevölkerung zu bringen. Dabei lässt sich aus der Diskrepanz und Kongruenz der Präsentationsformen des größeren Einzelhandels mit dem entsprechenden Einkaufsverhalten auch ein Rückschluss auf die Idee der Stadt als erweitertem Wohnraum des Menschen ziehen – denn dieser ist folgerichtig von ähnlichen Aneignungsverhalten und Ausstattungsgewohnheiten betroffen wie die eigene Wohnung. Kurz gesagt: So, wie wir uns einrichten, so richten wir auch die öffentlichen Räume unserer Städte ein.

Verlangen und Vergessen
Das Display des Einrichtungskaufhauses IKEA besteht – zumindest in der Möbelabteilung – in der Regel aus Kojen, in denen Möbel, Gerätschaften und andere Einrichtungsaccessoires zu vollständig ausgestatteten Zimmern oder Räumen arrangiert werden. In den solchermaßen inszenierten Schlaf-, Kinder- und Wohnzimmern, Küchen, Badezimmern und Büroräumen sind nicht nur die notwendigen Möbel aufzufinden, sondern die gesamte Palette möglicher weiterer Einrichtungsgegenstände: vom Teppich und der Jalousie über das Dekokissen bis zur Tischdecke, dem Kaffeeservice und der Serviette. Dabei legen die Einrichter erkennbar Wert auf eine möglichst harmonisch und qualitätsvoll wirkende Zusammensetzung der Ingredienzien, die in Ausstattung, Farbwahl, Materialität und Kosten auf unterschiedliche Wohnbedürfnisse und Geschmacksmuster verschiedener Alters- und Einkommensgruppen mit differenten Wohnraumgrößen in unterschiedlichen Lebenssituationen abheben. Die Einrichtungskojen zeigen also nicht nur die Fülle der Produktpalette des schwedischen Einrichtungsriesen, sondern auch die Vielfalt der gesellschaftlichen Gruppen, die damit angesprochen werden sollen.
Dass das gelungene Arrangement von Möbeln und Accessoires dabei Ausstattungsvorstellungen und damit Kaufwünsche wecken soll, die allesamt im gleichen Einkaufshaus gedeckt werden können, liegt auf der Hand. Doch unterscheidet sich das Kaufverhalten der meisten IKEA-Kunden offensichtlich vom möglichen Ideal: Anstatt den fachkundigen Einrichtungsvorschlägen, wie sie auch die Abbildungen des Firmenkatalogs zeigen, in größtmöglicher Genauigkeit zu folgen, verbleiben

die Interieurs bei den meisten Käufern im Laufe des Gangs durch das Einrichtungshaus mehr als inneres Bild. Insbesondere die als »Markthalle« bezeichneten Einkaufsräume, in denen am Ende des Parcours auf Tischen und Stellagen Ausstattungsgegenstände des Haushalts und des täglichen Lebens angeboten werden, befriedigen entweder einen bereits vorhandenen Bedarf oder wecken neue Kaufgelüste, die meist unabhängig vom inneren Bild des zunächst vermittelten Einrichtungsideals bleiben. Das »ganz hübsche« Besteck aus Plastik, das man schnell »noch mal mitnimmt«, die originell gestreifte Serviette, der praktische Kochtopf und der kleine Teppich, den man noch fürs Badezimmer braucht, verschleifen sich zu einer mitunter stilistisch konträren Objektmelange. Das Idealbild, das eingangs die Gestaltung eines vollständigen Lebensumfelds suggeriert hat, ist angesichts des überbordenden Angebots schließlich einem diffusen Eindruck gewichen. So lässt sich beobachten, dass viele Käufer einen inhomogenen, in der Zusammenschau oftmals skurrilen Warenkorb aus Kleinmöbeln, Haushaltsgegenständen und Dingen wie Pflanzen, Bildern und Duftkerzen erwerben, die dem Heim die zunächst holistisch empfundene, dann aber diffus nachempfundene Atmosphäre von Heimeligkeit, Gemütlichkeit und Geborgenheit verleihen sollen. Das mehr oder minder geschmackvolle Arrangement, das mit all diesen Dingen möglich ist, lässt sich leicht vorstellen. Faktisch wird jeder IKEA-Einkauf also zur Vergrößerung des Sammelsuriums des jeweiligen Haushalts beitragen, sofern nicht strenge geschmackliche Disziplin oder Kaufverzicht mildernd wirken.

Individualität als Prinzip
Die Verfügbarkeit fast aller Gegenstände in unterschiedlicher Qualität und zu unterschiedlichem Preis, die aus verschiedenen Distinktionsmustern gespeist werden, legt auch ihre uneingeschränkte Kombinierbarkeit nahe, die wiederum das Ideal des Heims als individuelle Wohnstatt beeinflusst. Schuld am Durcheinander ist nicht allein die Verkaufsstrategie des Einrichtungshauses, die man durchaus auf andere Händler unterschiedlichen Niveaus verallgemeinern kann. Auch das Kaufverhalten der meisten Menschen ist in Bezug auf die Ausstattung der Wohnung weniger auf Ensembles, sondern eher auf einzelne Gegenstände ausgerichtet. Das »Passen« oder »Nicht-Passen« eines Dings zum restlichen Interieur wird dabei oft dem Preis, dem Bedürfnis oder dem Zufall untergeordnet. Die Wohnwelt der meisten Deutschen ist deshalb ein utilitaristisches Abstell- und Ablagesszenario für Dinge, deren Bedeutung sich durch den Gebrauchswert und die Anschaffungskosten definiert. Im besten Fall kommt es zu einer emotionalen Aneignung von Distinktions- und Assoziations-, Traum- und Erinnerungsfragmenten, die den Objekten anhaften. Die sogenannten »Billigheimer« wie die sprichwörtliche »Resterampe«, die 1-Euro-Shops oder die zahllosen Sozialkaufhäuser, die »Arche« und der »Schnäppchenmarkt«,

oder wie sie sonst heißen mögen, entsprechen in ihrer höchstens nach ganz allgemeinen Produktgruppen geordneten Warenpräsentation diesem offenbar urtümlichen Jagd- und Sammelverhalten des Menschen.

Empirisch unhaltbar, aber phänomenologisch eindeutig festzuhalten ist: Umfassende Geschmacksmuster, die die Einrichtung betreffen, entwickeln sich zumeist analog zu Vorbildern eines gehobenen Anspruchsniveaus. Die Vorbildhaftigkeit solcher geschlossener Ambiente wird im Laufe des Einrichtungsprozesses unschärfer, weil die Erinnerung daran verblasst und die dafür nötige Warenpalette wegen Kosten- und Qualitätsgründen nicht ausgeschöpft werden kann. Assoziative Käufe und das Zusammentreffen der Käufe mehrerer Personen, die mitunter verschiedene Vorbilder und entsprechende Geschmacksvorstellungen haben, verwässern zusätzlich das Ergebnis bis zur Unkenntlichkeit der Ursprungsidee.

Um uns ... das Chaos
Eine ähnliche Collage findet sich auch im öffentlichen Raum unserer Städte. Ein aufmerksamer Gang legt die unterschiedlichen Schichten frei, die neben dem Straßenprofil das Bild der Stadt prägen. Nicht nur die Reliefs der Hausfassaden und die Belagsorten der Straße liefern ihren raumprägenden Beitrag ab, sondern ebenso die Raumeinträge und -interventionen der verschiedenen Ämter der Stadt sowie der öffentlichen oder nicht öffentlichen Dienstleister. Gleichberechtigt nebeneinander erscheinen Briefkästen, Straßenleuchten, Begrenzungspoller, Übergabekästen, Verkehrsschilder, Trafostationen, Bäume und Baumringe, Hecken, Blumenkübel, Gas- und Wasserleitungsschilder, Haltestellen und Geschwindigkeitsbegrenzungskissen, Altglas- und Altpapiercontainer als Möbel der Stadt. Interventionen von Bürgern in Form von geparkten Fahrrädern und Autos, Blumenpflanzungen, Reklameschildern, Aufstellern, den Errungenschaften der Außengastronomie, Schuhsammelstellen, Müllbehältern und Leuchtreklamen tragen weitere Elemente in den öffentlichen Raum.

Eine formale Absprache über die Dinge findet natürlich nur in den wenigsten Fällen statt: Die städtischen Stellen operieren zumeist eigenständig oder stimmen sich nur mit wenigen benachbarten Ämtern ab. Private Interventionen unterliegen nur zu einem Teil der Genehmigungspflicht, die sich zumeist auf ordnungsrechtliche Beurteilungskriterien beschränkt. Schließlich ergibt sich auch hier – wie im vorgestellten Fall des typischen IKEA-Einkaufs – ein buntes Durcheinander von Objekten, die sich mit unterschiedlichen Anspruchsniveaus, unterschiedlicher Herkunft und Güte sowie unterschiedlichem Wert zum »Bild« der Stadt vereinen. Der Wunsch nach Sichtbarkeit und Lesbarkeit, die historische Referenz, die funktionale Effizienz, gestalterischer Ehrgeiz und Gleichgültigkeit gegenüber Fragen der Formgebung gehen im öffentlichen Raum – letztlich genauso wie in der privaten Wohnung – ein enges Mischungsverhältnis ein, das schließlich in der Herstellung des Diffusen endet. Der öffentliche Raum der Stadt entspricht in seiner Ästhetik der deutschen Wohnung nach einem Einkauf beim schwedischen Einrichtungshaus, ja in seinen ganz schlechten Fällen sogar höchstens der Grundausstattung, wie sie im »Schnäppchenmarkt« zu bekommen wäre.

Parameter der Ordnung

Nur in Bereichen mit ausgeprägtem Distinktionswillen und entsprechender geschmacklicher Überzeugung gibt es Ausnahmen: Wie im Falle der aufeinander abgestimmten Einrichtungsvarianten der Möbelhäuser oder Einrichtungs- und »Style«-Zeitschriften ist indes nicht das Angebot der Hersteller oder Einrichter das Problem, sondern vielmehr die überzogene Vorstellung davon, wie der öffentliche Raum überhaupt gestaltet sein sollte. Der Grund dafür liegt auch darin, dass es trotz der reichhaltigen städtebaulichen Literatur der letzten 60 Jahre bis auf wenige Ansätze keine Theorie der Wahrnehmung oder der Herrichtung dieses vielleicht wichtigsten, weil sinngebenden Elements der Stadt gibt. Die meisten theoretischen Annäherungen erfolgen phänomenologisch und ziehen allzu pragmatische Handlungsanweisungen zum weiteren Verfahren nach sich. Es dominieren zeitgeistige Annäherungen an das Thema, die unter Schlagworten wie »alte Stadt«, »moderner Boulevard«, »Mall« oder als Teil umfassenderer Planungsansätze wie der »post-oil city« Agglomerationen von Parametern bilden, denen mancher Gestaltungsplan zu entsprechen versucht. Ähnlich wie bei der Einrichtung der eigenen Wohnung liegt hinter diesen Gestaltungsvorstellungen zwar ein Ideal, trotzdem haben sie aufgrund der finanziellen Situation der meisten Städte nur selten eine Chance, auf einem annähernd ähnlichen Niveau umgesetzt zu werden, wie der ideale Prototyp es verlangen würde. Die Faktoren der Zeit und der handelnden Personen bewirken überdies einen Kontrollverlust und einen häufigen Paradigmenwechsel, sodass Planungen oftmals nur in Einzelmaßnahmen umgesetzt werden, im Laufe der lange dauernden Umsetzung an Präzision verlieren oder gar durch widersprechende Planungsansätze konterkariert werden.

Das mitunter makabre Durcheinander in den öffentlichen Räumen der Städte hat indes seit Langem Kritiker gefunden. Nicht zuletzt ist die Rückbesinnung auf unzulässig heroisierte Werte des Städtebaus im Sinne des 19. Jahrhunderts – im besseren Falle auf die räumlichen Gestaltungsansätze eines Camillo Sittes[2] – ein Resultat dieser kritischen Beobachtung der Gegenwart. Sie hat in zeitgenössischen Kritikerkreisen neben der Begeisterung für die »alte Stadt« einen inzwischen auch ideologisch motivierten Impuls freigesetzt, der sich als Glaube an die Unfähigkeit der Moderne manifestiert, lebenswerte städtische Räume zu produzieren. Dieses auch in vielen Architektenkreisen übliche Verdikt erstreckt sich inzwischen von der Kritik an der »Fassungslosigkeit« der städtischen Architektur des 20. Jahrhunderts bis hin zur Anklage der unübersehbaren Verwahrlosung der Stadt durch die ihr eigenen »Möbel«. Doch anstatt neue ästhetische Kategorien für die öffentlichen Räume der Stadt zu entwickeln, repetieren die Anklagevertreter der »Europäischen Stadt« ritualistisch die immer gleichen Argumente. Das seit dem Ende des Zweiten Weltkriegs andauernde larmoyante Gezeter über den »Verlust der Mitte«, über das »Sterben der amerikanischen Städte«, über die »Unwirtlichkeit unserer Städte« oder über die »gemordete Stadt« verbleibt bei der Beschwörung des Alten.[3] Dass inmitten eines gewaltigen politischen Umbruchs seit Mitte der 1960er-Jahre plötzlich die bürgerlichen und großbürgerlichen Quartiere des Historismus größte Wertschätzung erfahren sollten, ist dabei eine der verwunderlichen Koinzidenzen der deutschen Nachkriegsgeschichte. Dabei übersehen die Gegner der Moderne jedoch, dass die Ideologie einer urbanen Struktur, die so funktioniert wie das von Adalbert Stifter beschriebene »Rosenhäuschen«[4], in dem jedes Ding und jede Handlung einen festen, unwiderruflichen Ort hat, in der durch verschiedene Industrialisierungsstufen veränderten Stadt nicht mehr als ein biedermeierliches Trugbild ist.

Die Ästhetik der großen Stadt
Das Manko einer Ästhetik und einer Poetik des öffentlichen Raums hat offenbar schon der Architekt August Endell um 1900 verspürt. In seiner Schrift »Die Schönheit der großen Stadt« hat er jedenfalls einen phänomenologischen Ansatz der Stadtwahrnehmung entwickelt, der die ursächlichen Phänomene im öffentlichen Raum der Großstadt zum Gegenstand ästhetischer Wertschätzung macht.[5] Prägend für sie seien nämlich weniger die Architektur mit ihren Elementen, sondern vielmehr »ihre Umkehrung, der Raum, das Leere, das sich rhythmisch zwischen den Mauern ausbreitet, von ihnen begrenzt wird, aber dessen Lebendigkeit wichtiger ist als die Mauern«[6].
Für Endell ist die Straße der wesentliche Spielort städtischen Lebens, die Anwesenheit des Menschen auf der Straße erzeugt den städtischen Raum: »Schon ein Mensch, ein bewegter Punkt genügt, um die ordentliche symmetrische Straße in ihrem Eindruck zu verschieben; sie bekommt gewissermaßen eine menschliche Achse, eine asymmetrische, der freie Raum wird durch den bewegten Körper geteilt, Entfernung und Größe bekommen einen neuen Sinn. Indem auf der flach hinlaufenden Ebene der Straße ein Mensch sich erhebt, bekommt diese Stelle im perspektivischen Bild eine besondere Betonung, sie wird gewissermaßen klarer in ihrer Raumlage.«[7] Der Mensch, so Endell, schaffe nämlich durch »seine Gestalt das, was der Architekt und der Maler den *Raum* nennen, der etwas ganz anderes ist, als der mathematische oder gar der erkenntnistheoretische Raum ist. Der malerisch architektonische Raum ist Musik, ist Rhythmus, weil er unserem Sichausdehnen in bestimmtem Verhältnis entgegentritt, weil er im Wechsel uns freigibt, uns einschließt. Die Straße als architektonischer Raum ist heute noch ein elendes Produkt. Luft und Licht verbessern ihn, aber die gehenden Menschen teilen ihn neu, beleben ihn, weiten ihn, erfüllen die tote Straße mit der Musik rhythmisch wechselnden Raumlebens«[8]. Die Bewegungen der Menschenmassen und ihrer Fahrzeuge erzeugten im Wechsel der Tageszeiten, des Lichts und des Wetters vor allem auf dem als Architektur und als Verkehrsanlage »törichten« Platz einen besonderen Effekt: »Diese Raum- und Bewegungswirkungen sind es, die vereint mit den Schleiern der Luft und des Lichtes aus der großen Stadt das unbegreiflich bunte Märchen machen, das man nie erschöpfen kann.«[9]
Auch wenn Endell jede Form von Gestaltungsanweisung vermeidet, so gibt er doch mit seiner Hinwendung zum Malerisch-Architektonischen des öffentlichen Raums einen Hinweis auf das ästhetische Ideal, das ihm vorschwebt: »Denn wie den Architekten das Spiel der Raumbewegung freut in den von ihm geschaffenen Wänden, so freut den Maler der verschlungene, mannigfach geformte Raum, der in der Landschaft zwischen Berg und Wald, in der Stadt zwischen den Menschen und Wagen auf dem Grunde der Straßen sich bildet.«[10] Die malerischen Werte der Massenbewe-

gung, von Licht, Farbe und Klang zeigt Endell schließlich an Beispielen von Berliner Straßen- und Platzsituationen auf, deren Beschreibungen wie Texte zu Bildern Ernst Ludwig Kirchners anmuten. Erst wenn Maler die atmosphärischen Werte der Stadt ausreichend ausgelotet hätten, so schließt Endell seine Überlegungen, würde diese Schönheit der Stadt »selbstverständliches Gut«. Erst dann sei zu hoffen, »daß auf diesem sicheren Fundament des sehenden Genießers die Kraft umfassenden Gestaltens erwachsen wird«[11].

Hilflosigkeit gegenüber dem Unfassbaren
Endells Appell für eine großstadteigene Ästhetik hat nur wenige Nachfolger gefunden.[12] Die großen »Klassiker« des Städtebaus der Moderne haben dazu geschwiegen. Am ehesten wird man in den weitreichenden Konzeptionen des »Umherschweifens«, des sogenannten *dérive*, das der Kreis der Situationisten, namentlich Guy Debord, in den späten 1950er-Jahren entwickelte, ein wahrnehmungstheoretisches Modell finden, das dem spezifischen Charakter der Großstadt nachspürt. Ähnlich wie Endell verzichtete jedoch auch Debord auf die Formulierung konkreter eigener Gestaltungsvorstellungen, schlägt jedoch ein feldforschungsähnliches »Streifen« durch die Stadt vor. Es soll dazu dienen, einerseits ein städtisches Gelände zu erkunden, um die Bedingungen seiner Existenz zu untersuchen, andererseits die »moderne Poesie« der Stadt zu erfahren, die »lebhafte emotionale Reaktionen« beim »Forscher« auslösen kann.[13]
Von denen, die sich die detailgenaue Beobachtungsebene Endells und das Strategem Debords zu eigen gemacht haben, sind immerhin Peter und Alison Smithson besonders erwähnenswert. Sie haben in den 1990er-Jahren in ihren *Italienischen Gedanken*[14] den Blick auf das architektonische und stadtbauliche Detail als »konglomerate Ordnung« so präzise und analysierend gelenkt, dass man von einer Methode zur Erfassung und Gestaltung der Elemente des öffentlichen Raums sprechen kann. Die eigenartige Schönheit der Stadt ist bei ihnen indes weniger in den Erscheinungen der Großstadt zu suchen als vielmehr in den verborgenen, verschütteten Spuren, die ältere Strukturen aufweisen. Vielleicht ist auch deswegen ihr Werk nicht zum Allgemeingut der Ausbildung oder der Anwendung geworden, weil es nach Gestaltungsmethoden suchte, die sich aufgrund der inhärenten Ortsspezifik nicht kataloghaft auf andere Planungsaufgaben übertragen ließen. Die beispielhafte Methode der Smithsons, die sich jedoch mühelos auf Phänomene anwenden ließe, wie Endell sie schildert, und die sich auch in der Theorie der »Analogen Architektur« ab Mitte der 1970er-Jahre bei Aldo Rossi ähnlich wiederfindet, hat sich nur wenigen Zeitgenossen in ihrer Bedeutung eingeprägt.

Zehn Gesetze der Gestaltung des öffentlichen Raums
Am Ende bleibt die Ratlosigkeit einer mit sich selbst überforderten Gegenwart: Die Kardinalprobleme der Gegenwart – das Fehlen öffentlicher Mittel, die extreme Kapitalisierung von Grund und Boden, ja des Lebens überhaupt, die inzwischen als globale Erscheinung sichtbar gewordene Migration, der in Ansätzen erkennbare demografische Wandel und die aus all diesen Faktoren resultierende Gentrifizierung,

der Klimawandel und die Erfordernisse der Energieeffizienz – führen zu einer Krise des gesellschaftlich-politischen Systems der Stadt und besonders ihres öffentlichen Raums.

Jener nämlich ist längst zum Spielball der Interessen von Wirtschaft und Handel geworden, denen ein verantwortliches Handeln der Kommune inzwischen bedeutend weniger Kapitalmächtigkeit und damit Handlungsfähigkeit entgegensetzen kann. Die Aushandlungsprozesse über die Gestaltungshoheit im öffentlichen Raum, die zwischen ökonomischen und individuellen Interessen pendeln, lassen leicht übersehen, dass diese Räume und Flächen zuallererst Aushandlungsorte viel allgemeinerer, nämlicher sozialer Interessen der Stadtgesellschaft sein müssen. Die bereits Ende des 19. Jahrhunderts von Gottfried Semper vertretene Idee eines Forums als »höchster Kunstaufgabe«, wo das »Menschtum, das Menschenideal« sich zu öffentlicher Versammlung und Verhandlung trifft, ist unverändert aktuell.[15] Mehr als an Architektur hat der Architekt und Architekturtheoretiker damals an den Zweck des Platzraums als Herd gedacht, an dem sich die Gesellschaft »wärmt«. Hat Semper die Grenzen der damals gängigen Vorstellungen formal nicht überwinden können, so können wir den von ihm gemeinten Zweck mit den phänomenologischen Ableitungen August Endells kreuzen und zeitgemäß weiterdenken.

Dann entstehen allgemeine Forderungen für die Gestaltung des öffentlichen Raums, die jenseits der Beliebigkeit strukturelle Gesetze aufstellen:
1. Der öffentliche Raum ist der Ort der Aushandlung aller Bürger einer Stadt. Er macht das Wesen einer Stadt und ihrer Bürger anschaulich.
2. Der öffentliche Raum muss so robust und autonom sein, dass er für alle Bewohner der Stadt kontinuierlich und gleichermaßen als Aufenthaltsort dienen kann.
3. Er muss so beschaffen sein, dass seine Struktur die Existenz und gegenseitige Verantwortung der unterschiedlichen sozialen und ethnischen Gruppen ermöglicht und veranschaulicht.
4. Zu diesem Zweck muss er vermittels seiner Formatierung und seiner Elemente jederzeit und jedermann zum Verbleiben, zur Muße, zur Schau und zum Meinungsaustausch einladen.
5. Seine Gestaltungselemente müssen so beschaffen sein, dass sie durch ihre Form Hinweise auf mögliche Formen der Gesellung und Benutzung geben.
6. Der öffentliche Raum muss so beschaffen sein, dass er die sinnlich wahrnehmbaren Phänomene der Stadt fasst und der Anschauung eröffnet.
7. Im besten Falle reichert der öffentliche Raum die Phänomene der Stadt mit einem eigenen Beitrag an.
8. Die Ausstattung des öffentlichen Raums muss ein Anspruchsniveau erfüllen, das ästhetische Qualität mit milieugerechter Verwendung paart, ohne durch symbolische Überladung und übertriebenen Materialwert Segregationseffekten latent Vorschub zu leisten.

9. Diese Ausstattung muss so beschaffen sein, dass sie durch ihre Verallgemeinbarkeit an verschiedenen Stelle der Stadt eingesetzt werden kann, ohne Monotonie zu erzeugen.

10. Die Elemente des öffentlichen Raums müssen so gestaltet sein, dass sie auch auf lange Dauer trotz wechselnder Gestaltungsparadigmen konzeptuelle Kontinuität und Wiedererkennbarkeit bewahren.

Nur durch Strukturen, die diesen »Gesetzen« entsprechen, kann etwas entstehen, was die Sozialität der Stadt bewahrt, ihr Verantwortungsgefüge offenbart und zugleich der Schönheit in den Erscheinungsformen der Gesellschaft einen formalen und materiellen Ausdruck gibt.

---

1 | Heidegger, Martin: »Bauen Wohnen Denken«, in: ders.: Vorträge und Aufsätze, Pfullingen 1978, S. 139–156.
2 | Sitte, Camillo: *Der Städtebau nach seinen künstlerischen Grundsätzen*, Wien 1889 (Nachdruck der 4. Auflage, Basel 2007).
3 | Sedlmayr, Hans: *Verlust der Mitte. Die bildende Kunst des 19. und 20. Jahrhunderts als Symptom und Symbol der Zeit*, Salzburg 1948. Das Buch erschien signifikanterweise in unveränderter Form 1998 in der 11. Auflage. – Jacobs, Jane: *Tod und Leben großer amerikanischer Städte*, übersetzt von Eva Gärtner, Berlin 1963 (= Bauwelt Fundamente Bd. 4). – Mitscherlich, Alexander: *Die Unwirtlichkeit unserer Städte. Anstiftung zum Unfrieden*, Frankfurt am Main 1965. – Siedler, Wolf Jobst und Elisabeth Niggemeyer, Gina Angreß: *Die gemordete Stadt. Abgesang auf Putte und Straße, Platz und Baum*, Berlin 1964.
4 | Stifter, Adalbert: *Der Nachsommer. Eine Erzählung*, Pest 1857.
5 | Endell, August: »Die Schönheit der großen Stadt«, in: *August Endell. Vom Sehen. Texte 1896–1925 über Architektur, Formkunst und »Die Schönheit der großen Stadt«*, hrsg. von Helge David, Basel 1995, S. 163 ff.
6 | Ebd., S. 199 f.
7 | Ebd., S. 197.
8 | Ebd., S. 198.
9 | Ebd., S. 202.
10 | Ebd., S. 200.
11 | Ebd., S. 208.
12 | Zuletzt hat Fritz Neumeyer auf Endells Text hingewiesen, dabei aber die Bedeutung der Architektur für das »Raumbild« der Stadt im Sinne Endells überbewertet: Neumeyer, Fritz: »Städtischer Raum. Ein architektonisches Phänomen«, in: Denk, Andreas und Uwe Schröder, (Hrsg.): *Stadt der Räume. Interdisziplinäre Überlegungen zu den Räumen der Stadt*, Tübingen 2014.
13 | Debord, Guy: »Theorie des Umherschweifens«, in: *Der Beginn einer Epoche. Texte der Situationisten*. Aus dem Frz. übersetzt von Pierre Gallissaires, Hanna Mittelstädt, Roberto Ohrt, Hamburg 1995, S. 64, hier: S. 65.
14 | Smithson, Alison und Peter: *Italienische Gedanken. Beobachtungen und Reflexionen zur Architektur*, hrsg. von Hermann Koch und Karl Unglaub, Braunschweig 1996 (= Bauwelt Fundamente 111). Original auf Englisch unter dem Titel *Italian Thoughts*, Stockholm 1993.
15 | Semper, Gottfried: »Ueber Baustile«, in: ders.: *Kleine Schriften*, hrsg. von Hans und Manfred Semper, Berlin 1884 (Nachdruck Mittenwald 1979), S. 395 ff., hier: S. 403 und S. 420 ff.

Public Storage
Das Denkmal als Endlager der Erinnerung

Denkmäler, ihr Personal wie ihre Themen, sind materialisierte Erinnerungen. Ist gerade deren Verortung im Stadtraum der – paradoxerweise – beste Weg, das zu Erinnernde in Vergessenheit geraten zu lassen, lebendiges Andenken aus der Zirkulation in der Gesellschaft zu entfernen und im öffentlichen Raum »endzulagern«? Die Gesprächspartner zu diesem Thema waren der Direktor des Kölner NS-Dokumentationszentrums Werner Jung und die Kuratorin Vanessa Joan Müller.

Der Rundgang begann bei der Skulptur zu Ehren von Johann Adam Schall von Bell, einem Jesuitenpriester, der es in China zum Mandarin und höchsten ausländischen Beamten im Staat gebracht hatte. Ob seine glorreiche Geschichte im Nirgendwo zwischen Café Merzenich und dem »Straßenbegleitraum« der Minoritenkirche, mitten auf dem Gehweg gestreift von eiligen Passanten, noch identifizierbar ist, ist zu bezweifeln. Auch die Bodenplakette aus Bronze, die über seine Person und Geschichte informiert, fand erst wieder Aufmerksamkeit, nachdem der Marmorfigur temporär durch die leuchtend grüne Markierung eine Art Bühnenfläche verschafft worden ist. So wurde Herr Schall von Bell nicht nur zum individuellen Gegenstand der Frage nach der Sinnhaftigkeit solcher Gedenkobjekte, wenn es am plausiblen Kontext mangelt, sondern zum Ausgangspunkt einer generellen Frage nach der Situation der Erinnerungskultur im urbanen Zusammenhang.

Die erste Frage nach einem besseren, kontextbezogenen Standort wurde spontan von einer Veranstaltungsteilnehmerin beantwortet. Sie schlug vor, die Figur an jene Schule zu bringen, in der Schall selbst Schüler gewesen war, um so für die heutigen »Kids« eine entsprechende Identifikation mit »einem der ihren, der es bis nach China geschafft hat«, herzustellen. Die zweite Frage war erwartungsgemäß wesentlich schwerer zu klären. In der Diskussion mit Vanessa Joan Müller, Werner Jung und einem versierten Publikum, das im Sinne kollektiver Wissensbildung bei allen Rundgängen viel zum Thema beizutragen hatte, wurden die Schwachstellen der Erinnerungsplastik evident. Die Auslagerung der Erinnerung aus der Bevölkerung, wo sie durch persönliche Weitergabe vital bleibt und zur Mythologie avanciert, lässt die Geschichte buchstäblich zu Stein erstarren. Einer Aktualisierung durch aktive Erzählung entzogen, wird Geschichte im Stadtraum materialisiert, der dadurch zu einem Endlager der Erinnerung und damit zugleich des Vergessens wird.

Bei der Suche nach Formen, die einem solchen Gerinnungsprozess entgehen, führte der Rundgang auch zu der Arbeit *Stolpersteine* von Gunter Demnig. Im Gespräch zeigte sich Einigkeit darüber, dass diese Arbeit zum Gedenken an vom NS-Regime vertriebene, deportierte und ermordete Bewohner der Stadt diesem Prozess entgeht und sich von den üblichen Werken der Erinnerungskultur unterscheidet. Die Gründe dafür sind eine plausible Ortsbezogenheit (die mit den Namen der Opfer versehenen Steine sind vor deren einstigen Wohnungen im Straßen- oder Gehwegpflaster verlegt), eine fragmentierte Struktur, die nicht selbstreferenziell gestaltet ist, und eine stetige Aktualisierung durch das Hinzufügen neuer Steine und Orte. Eine Arbeit also, der es gelingt, trotz einer eindeutigen Geschichtsbezogenheit in Bewegung und im Gespräch zu bleiben.

Ausführlich diskutiert werden konnte das Verhältnis zwischen gesellschaftlicher Haltung, zu vermittelnder Botschaft und künstlerischer Gestaltung ebenfalls am Beispiel des erst 2009 aufgestellten Denkmals für die Opfer der nationalsozialistischen Militärjustiz, das von Ruedi Baur entworfen worden war. Hier gingen die Meinungen stark darüber auseinander, wie stimmig es als künstlerische Arbeit selbst ist, aber auch darüber, wie seine stadträumliche Platzierung zu bewerten ist.

Folgende Stellungnahmen fassen die Ergebnisse des Rundgangs zusammen:

Erinnerungskultur ist ein wichtiger Faktor unserer Kultur, und ihre Zeichen sind fester Bestandteil des öffentlichen Raums. Die in ihnen repräsentierten Geschehnisse sollen auf diese Weise aber nicht einer »Entsorgung« anheimfallen, sondern ganz im Gegenteil immer wieder Aktualisierungen erfahren können. Dabei ist neuen künstlerischen Formen, die beispielsweise mit partizipativen Elementen arbeiten, mehr Raum zu geben. Gerade solche Arbeiten, die auf die Weitergabe von Ereignissen in der Erzählung setzen, können hier neue Wege eröffnen.

Stifter solcher Arbeiten müssten über diese Wirkungsmöglichkeiten aufgeklärt und informiert werden. Es ist sinnvoll, hier eine Heranführung an aktuelle Denk- und Gestaltungsweisen in Gang zu setzen.

Institutionen, die sich mit Erinnerungskultur beschäftigen und künstlerische Arbeiten in ihrem Umfeld als »Attraktor« oder Verstärker für ihre Themen betrachten, sollten besonders progressiv zu Werke gehen, da sie am ehesten in der Lage sind, solche Arbeiten zu betreuen und deren Rezeption vermittelnd zu begleiten.

Abb. S. 70 / 71
Markierung um die Situation der Skulptur *Johann Adam Schall von Bell* (1992) von Werner Stötzer in der Minoritenstraße

Abb. S. 73
v. o. n. u.: *Johann Adam Schall von Bell* von Werner Stötzer, *Stolperstein* von Gunter Demnig, *Denkmal für die Opfer der NS-Militärjustiz* von Ruedi Baur

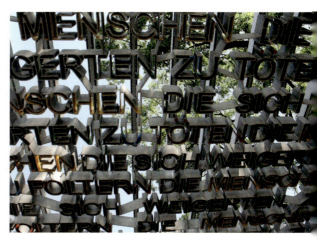

VANESSA JOAN MÜLLER
Typologie des Gedenkens
Drei Beispiele in Köln

Im Gegensatz zur subjektiven Erinnerung manifestiert sich das kollektive Gedächtnis materiell: in Aufzeichnungssystemen, Archiven, aber auch in Werken der bildenden Kunst, die sich je nach Anlass zwischen Mahnmal und Monument positionieren. Ist ein Denkmal laut Duden eine »zum Gedächtnis an eine Person oder ein Ereignis errichtete, größere plastische Darstellung«, erinnert das Mahnmal an ein negatives Ereignis in der Vergangenheit, als Aufforderung, damit sich dieses auch für künftige Generationen nicht wiederholt. Denkmäler entstehen ebenfalls aus der Zeit heraus für die Zeit, das heißt für die Zukunft. Sie künden vom Umgang mit der Vergangenheit, ziehen idealerweise aus dieser aber auch Schlussfolgerungen, die als Erinnerungskultur für die Zukunft formuliert werden. Denkmäler sind damit Ausdruck des jeweiligen Zeitgeists und spiegeln dessen Umgang mit der Vergangenheit als etwas in die Gegenwart und Zukunft zu Überlieferndes.
Denkmäler wie Mahnmale sind grundsätzlich an die Vorstellung gebunden, für die Öffentlichkeit zugänglich zu sein, denn nur wenn sie räumlich und inhaltlich über einen langen Zeitraum erfahrbar sind, können sie ihre Funktion des Erinnerns und der kritischen Reflexion der Vergangenheit erfüllen. Zugleich müssen sie ihren Inhalt auf eine Weise transportieren, die geeignet ist, Eingang in das kollektive wie kulturelle Gedächtnis zu finden. Das kann einerseits durch die Gestaltung des Denk- oder Mahnmals selbst geschehen, die von starker Ästhetisierung und Emotionalisierung bis zu deutlicher Historisierung und Rationalisierung reicht, andererseits aber auch über den Aufstellungsort und seine spezifische Kontextualisierung. Die Wahl des Orts ist insofern von großer Bedeutung für die Wirkung eines Denkmals, da diesem im Gegensatz zu institutionell präsentierten Kunstwerken jene Verankerung fehlt, die eine Sphäre gesteigerter Aufmerksam schafft und die Rezeption des Werks lenkt – bis hin zu der einfach scheinenden Frage, ob etwas Kunst sei, die sich so im Museum nicht stellt. Im öffentlichen Raum konkurriert jedes Denkmal mit einer großen Anzahl visueller Impulse, die den Blick auf sich ziehen. Deshalb muss ein Denkmal in der Lage sein, eine unsichtbare Zone zu etablieren, innerhalb derer die Bereitschaft entstehen kann, die Auseinandersetzung mit etwas Vergangenem für die Gegenwart als wichtig zu erachten. In Köln gibt es einige mitten im Stadtzentrum errichtete Denkmäler, die sich gegenüber dichtem Straßenverkehr und stark frequentierten Einkaufszonen behaupten müssen und kaum auf ungeteilte Aufmerksamkeit hoffen können. Zwischen Stadtmöblierung, Plakatierung und Relikten historischer Bausubstanz schwindet die Sichtbarkeit künstlerisch gestalteter Gedächtniskultur rapide. Außerdem trifft deren objekthaft komprimierter Erinnerungsanspruch auf ein Publikum, das die Begegnung mit zeitgenössischer Kunst und ihrem expliziten Bildungsauftrag in dieser Situation kaum erwartet. Dem Denkmal im verdichteten urbanen Raum treten seine Adressaten

also meist unvorbereitet gegenüber, was Chance und potenzielles Scheitern zugleich bedeutet. Ohne innovative Gestaltung und präzise räumliche Verortung bleiben zentrale Aufgaben des Denkmals im Sinne einer kollektiven Erinnerungskultur jedenfalls oft außen vor.

Standhafte Begegnung
Ein signifikantes Beispiel für ein prominent platziertes und dennoch gerne übersehenes Denkmal ist jenes für Johann Adam Schall von Bell in der Minoritenstraße an der Südseite der Minoritenkirche, das 1992 nach einem Entwurf von Werner Stötzer in der Berliner Werkstatt Carlo Wloch gefertigt wurde. Gestiftet wurde die Arbeit vom Verein Deutsche China-Gesellschaft. Auf einer am Sockel angebrachten Tafel ist zu lesen: »Johann Adam Schall von Bell / Köln 1592 – Peking 1666«. Vor der Statue ist eine Tafel in den Boden eingelassen. Sie zeigt ein astronomisches Instrument, ein sogenanntes Astrolabium, und informiert über Schalls Leben. In den Schlusssätzen heißt es, dass er »im chinesischen Reich Ehrungen erhielt wie kein Ausländer vor oder nach ihm. 1666 in Peking gestorben, ist sein Andenken bis heute in China lebendig«. Das abstrakt-figurativ gestaltete Denkmal in hellem Marmor wirkt amorph und unfertig, als ob die Statue erst noch aus dem Stein herausgearbeitet werden müsse. Einige ausgearbeitete Details verweisen dennoch auf eine konkrete historische Figur, so der Saum des bodenlangen Gewandes, das Brustschild mit dem nur einem Mandarin zustehenden Zeichen des Kranichs und die den Mann als christlichen Geistlichen auszeichnende Kopfbedeckung eines Biretts. Jegliche porträthafte Gestaltung ist jedoch ausgeblendet zugunsten der Vorstellung von einer Figur, die eher eine Idee – die der jahrhundertealten deutsch-chinesischen Beziehungen – als eine historische Persönlichkeit darstellen soll. Johann Schall war Jesuit und der höchstrangige Ausländer am Hof in der Geschichte der chinesischen Kaiserzeit. Er zeichnete sich durch große Kenntnisse in Astronomie und Mathematik aus und reformierte den chinesischen Kalender, was die dem Standbild beigefügten Attribute erklärt. Trotzdem kann man davon ausgehen, dass so gut wie keinem Passanten in der dicht frequentierten Kölner Innenstadt die Bedeutung von Schall geläufig ist, gerade auch in ihrer Relevanz für die heutige Zeit. Auch die wenig prägnante, kein Individuum ausformulierende Gestaltung des Denkmals zieht in ihrer diffusen Anmutung wenig Aufmerksamkeit auf sich und macht es trotz seiner prominenten Lage zu einem eher übersehenen historischen Verweis im öffentlichen Raum. Schall von Bells Grabstätte liegt im Hof einer Kaderschule der Kommunistischen Partei in Peking. Das Kölner Denkmal zieht seine Legitimation aus dem Geburtsort des Gelehrten, der aus einem rheinischen Adelsgeschlecht stammte. Der Standort der Statue wurde deshalb gewählt, weil sich an der Fassade des im

Zweiten Weltkrieg zerstörten Klosters, das an die Minoritenkirche angrenzte, ebenfalls eine Bell-Figur befand, wie der Vize-Präsident der Deutschen China-Gesellschaft, Alexander Bell, erklärt. Stellen wir die Statue in den engeren Definitionsrahmen des Begriffs Denkmal, fällt allerdings auf, dass historische Bedingungen zwar gegeben sind, Aspekte des kulturellen Gedächtnisses sowie die Frage nach dem Stellenwert für die zeitgenössische Stadtgesellschaft und nach der Dauerhaftigkeit des memorierten Gegenstands jedoch eher konstruiert erscheinen und insbesondere die Diskrepanz von Inhalt und Gestalt die »Sprachfähigkeit« des Denkmals einschränkt. Ohne erläuternde Gedenktafel, wie sie an abstrakt-ungegenständlichen oder rein architektonisch gestalteten Denkmälern üblich ist, kommt auch diese figurativ gehaltene Skulptur nicht aus, sodass durchaus der Eindruck entstehen könnte, die Deutsche China-Gesellschaft setze sich hier selbst ein Zeichen, für das Johann Adam Schall lediglich den Mittelsmann darstellt.

Interessant sind dennoch die Platzierung und Gestaltung: Zwar setzt das Denkmal auf die faktische Erhöhung seines Gegenstands im Sinne von dessen Nobilitierung, die in der Geschichte öffentlicher Denkmäler, Standbilder und Statuen stets eine wichtige Rolle gespielt hat. Die überlebensgroß angelegte Skulptur verzichtet jedoch auf einen Sockel und etabliert dadurch ein durchaus komplexes Verhältnis zu ihrem Umraum, indem sie aus diesem herausgehoben und zugleich in ihn eingebunden wird. Dieses Verhältnis von Abgrenzung und Integration in die jeweilige Umgebung ist zentral für die Rezeption zeitgenössischer Denkmäler, die die Geste des aufgesockelten Standbilds allein schon wegen der damit verbundenen Rhetorik vermeiden. Ähnlich der Skulptur in der bildenden Kunst, die sich Ende des 19. Jahrhunderts sukzessive von dem Sockel als Präsentationselement verabschiedet hat, um ihn entweder zu einem Teil des Kunstwerks selbst zu erheben oder ganz auf ihn zu verzichten, ist auch das zeitgenössische Denkmal zugunsten der unmittelbaren Ausrichtung auf den Betrachter vom Sockel befreit worden und argumentiert verstärkt in Kategorien von Kontextualisierung und Ortsspezifik. In der bildenden Kunst geriet der Sockel verstärkt ausgerechnet dann ins Blickfeld, als er eigentlich gerade verschwand, das heißt zu einem Zeitpunkt, als installative Werke begannen, den Ausstellungsraum neu zu definieren, und die Bildhauerei Objekte hervorbrachte, die ohne Sockel auskamen oder diesen im Namen einer Dehierarchisierung vehement ablehnten. Auguste Rodins *Bürger von Calais* von 1895, ein ebenerdig konzipiertes, von den Auftraggebern letztlich aber doch auf einem Sockel präsentiertes und vom Umraum abgegrenztes Denkmal, ist ein frühes wie prägnantes Beispiel für das Konzept einer auch inhaltlich argumentierenden Begegnung zwischen Betrachter und Werk auf Augenhöhe, die die Idee des Gedenkens mit jener der unmittelbaren Ansprache und dem Einbezug der eigenen Person verbindet.

Im Namen der Erinnerung

Radikalisiert werden solche Überlegungen zur Dehierarchisierung unter anderem von den auch im Kölner Stadtraum zahlreich verlegten sogenannten *Stolpersteinen* des Künstlers Gunter Demnig, die an die Opfer des Nationalsozialismus erinnern. Sie werden jeweils dort in den Gehsteig eingelassen, wo in den Vernichtungslagern der Nazis ermordete Bürgerinnen und Bürger der Stadt ihren letzten Wohnsitz hatten. Auf Name und Lebensdaten reduziert, ist die Inschrift der aus Messing gefertigten Pflastersteine erst les- und sichtbar, wenn man unmittelbar davorsteht. Mit ihren minimalen biografischen Daten, in denen sich das Schicksal der jeweiligen Personen in einer Weise verdichtet, die die »Banalität des Bösen« im Sinne Hannah Arendts erkennen lässt, konfrontieren sie Passanten unmittelbar wie unerwartet in ihrer alltäglichen Benutzung des städtischen Raums mit den Opfern des Nationalsozialismus. Die *Stolpersteine* wollen den Verfolgten ihren Namen und ihre Identität wiedergeben, und zwar in einer Weise, durch die jeder personalisierte Stein auch die Gesamtheit der Opfer symbolisiert und die zugleich auf die Unmöglichkeit einer Repräsentation aller Opfer verweist. Der Degradierung von NS-Opfern zu Nummern in den Vernichtungslagern begegnen sie mit der Nennung der Namen. Aufgrund ihrer Präsenz im dicht besiedelten städtischen Raum verweisen sie auch auf die Allgegenwärtigkeit jüdischen Lebens vor dem Zweiten Weltkrieg und dessen sukzessiver Eliminierung. Gunter Demnig versteht seine *Stolpersteine* entsprechend als Gegenentwurf zu dem Konzept zentraler Gedenkstätten für die Opfer, denen er mangelnde öffentliche Sichtbarkeit unterstellt, da sie urbane Begegnungsorte meiden. Ziel seiner bis heute privat organisierten, durchaus nicht unumstrittenen Aktion ist es deshalb, die Namen der Opfer mit den Orten ihres Lebens zu verbinden.

Der beschriftete Horizont

Zwischen diesen Positionen – dem »Repräsentationsdenkmal« mit Stellvertreterfunktion und dem stark auf die Identifikation mit den Opfern des Nationalsozialismus setzenden, fast archivarisch angelegten Projekt von Demnig – gibt es jedoch auch Raum für abstrakte Formen des Denk- und Mahnmals, die insbesondere die Aufladung des Orts für sich nutzen.
Das *Denkmal für die Opfer der NS-Militärjustiz* in der Nähe des Appellhofplatzes würdigt in diesem Sinne Deserteure und Kriegsgegner aus der Zeit des Nationalsozialismus. Es wurde von dem Schweizer Grafiker Ruedi Baur gestaltet und 2009 errichtet. In Form einer Pergola angelegt, setzt es nicht auf figurative Repräsentation, sondern auf die Abstraktion der Sprache. An sich argumentiert es fast klassisch über eine Inschrift, erhebt diese jedoch zum eigentlichen Träger der Bedeutung und

positioniert sie in einer Weise, dass der Akt der Lektüre selbst zur Metapher wird. Zudem steht es in unmittelbarer Nähe zu drei historisch wichtigen Gebäuden, die dieses Denkmal in besonderer Weise kontextualisieren: dem heute zum Kölner Stadtmuseum gehörenden ehemaligen Zeughaus, dem sogenannten EL-DE-Haus, in dem die Gestapo einst folterte und in dem heute das NS-Dokumentationszentrum untergebracht ist, sowie dem Gebäude der ehemaligen Kölner Strafjustiz, wo während des Nationalsozialismus mindestens 123 Personen zum Tode verurteilt wurden.
Das umgangssprachlich »Deserteursdenkmal« genannte Werk lässt somit einen reflexiven Umgang mit dem Erinnerungsort zu und integriert die ästhetische Kraft des authentischen Orts in seine Sprache, ohne direkt auf diesen zu verweisen. Um die Inschrift des Denkmals zu lesen, muss man den Blick nach oben wenden, denn es präsentiert seine bunten Lettern aus Aluminium in der Horizontalen, sodass der Text ohne rahmenden Hintergrund scheinbar in den Himmel geschrieben ist. Auf einer Fläche von acht mal vier Metern ist ohne den Text strukturierende Interpunktion oder Zeilenumbrüche zu lesen: »Hommage den Soldaten die sich weigerten zu schießen auf die Soldaten die sich weigerten zu schießen auf die Soldaten die sich weigerten zu schießen auf die Menschen die sich weigerten zu töten die Menschen die sich weigerten zu töten die Menschen die sich weigerten zu foltern die Menschen die sich weigerten zu foltern die Menschen die sich weigerten zu denunzieren die Menschen die sich weigerten zu denunzieren die Menschen die sich weigerten zu brutalisieren die Menschen die sich weigerten zu brutalisieren die Menschen die sich weigerten zu diskriminieren die Menschen die sich weigerten zu diskriminieren die Menschen die sich weigerten auszulachen die Menschen die sich weigerten zu diskriminieren den Menschen der Solidarität und Zivilcourage zeigte als die Mehrheit schwieg und folgte ...«
Der Status von Deserteuren ist noch immer rechtlich unsicher und die Rede von »Wehrkraftzersetzern« noch immer Teil des rechten Jargons. Im Zentrum der Stadt an jene zu erinnern, die ihr Leben aufs Spiel setzten, um nicht in der NS-Wehrmacht dienen zu müssen, wie auch an jene, die von NS-Militärjuristen ermordet wurden, ist insofern auch als Anstoß für ein gegenwärtiges zivilgesellschaftliches Engagement zu verstehen. Die Gestaltung des Denkmals, die bewusst an Werke der konzeptuellen bildenden Kunst erinnert und jede Pathosformel zugunsten des Texts vermeidet, verweigert auf ästhetisch-gestalterischer Ebene vermutlich auch deshalb jede Historisierung. Die frei im Raum schwebenden Worte am politisch aufgeladenen

Ort vermeiden einen eindeutigen Bezug zu lokalen Ereignissen. Das Denkmal neben dem Eingang zur U-Bahn und in der Sichtachse zum Kölner Dom ist vielmehr bewusst schräg auf einem von Straßenverkehr umgebenen Platz angelegt und wirkt in seiner Ausrichtung eigentümlich deplatziert. Anlässlich der Einweihung schrieb der Journalist Andreas Rossman: »Im Schnittpunkt der Geschichte ist es selbst nicht Teil von ihr. Wer es sich ansieht, muss sich unterstellen, ohne Schutz zu finden, aber sich nicht in Demut hinunterbeugen, sondern – ganz im Gegenteil – hinaufblicken. Was er dann liest, bleibt nicht in der Historie befangen, sondern beschriftet den Horizont, den es bedeckt, aber nicht schließt.«[1]

Der Text, mit dem die Opfer der NS-Militärjustiz gewürdigt werden, präsentiert sich als farbige Buchstabenfläche, linear strukturiert, aber ohne Hierarchisierung. Die farbigen Lettern bilden einen Verbund individueller Zeichen, die den militärischen Ungehorsam des Einzelnen weder abbilden noch kommentieren, sondern in ästhetischer Abstraktion zum Ausdruck bringen. Der Entwurf von Ruedi Baur steht damit durchaus in der Tradition zahlreicher anderer Denkmale, die gemäß der Überzeugung, das »Unvorstellbare« der NS-Verbrechen könne und dürfe nicht einfach abgebildet werden, eine abstrakte bis konzeptuelle Formensprache wählen, um das Denkmal tatsächlich zu einem Ort intellektueller Reflexion werden zu lassen. Auch das Motiv der Leere findet sich häufig in diesen zeitgenössischen Erinnerungsorten, als Ausdruck von Undarstellbarkeit. In seiner Abstraktion, die allein von »Soldaten« und »Menschen« spricht, meidet das Denkmal die empathische Identifikation mit den Opfern zugunsten der ursprünglichen gesellschaftskritischen Funktion der Geschichtserinnerung. »Endlager der Erinnerung« ist dieses Denkmal gewiss nicht, Akteur innerhalb der Diskussion um die Deutung der Vergangenheit und deren Veranschaulichung in öffentlichen Debatten hingegen schon. Das allein unterstreicht seine Funktion innerhalb einer Stadt, die insgesamt unter einer fast inflationären Präsenz von Kunstwerken und Denkmälern im Stadtraum leidet und die im Kampf um Aufmerksamkeit Gefahr läuft, gerade eine der wichtigsten Funktionen des Kunstwerks im öffentlichen Raum – die des materiell verdichteten kollektiven Gedächtnisses – dem Übersehenwerden zu übereignen.

---

1 | Rossmann, Andreas: »Der Horizont offen«, in: *Frankfurter Allgemeine Zeitung*, 3. September 2009.

Was ewig bleibt
Von Qualitätsdiskursen und Möglichkeitsräumen

Auf welchen Wegen kommt Kunst in den öffentlichen Raum? Mal ist es der geschenkte Gaul, dem keiner ins Maul schaut, mal ist es Kunst am Bau, die nur deshalb in Erscheinung tritt, weil ein entsprechender Etat ausgewiesen wurde. Wie steht es aber dagegen mit einer spürbaren und belegbaren Notwendigkeit? Haben einmal getroffene Qualitätsentscheidungen dauerhafte Gültigkeit, oder können sie als zeitspezifische Geschmacksurteile auch revidiert werden? Im städtischen Raum treffen viele Meinungen und Interessen aufeinander, die auf dessen Gestaltung Einfluss nehmen. Verwaltungshandeln stößt auf Einzelinitiativen, Gemeinschaftliches begegnet Privatem. Wo fängt der öffentliche Raum an und wo hört er auf? Gesprächspartner waren Frauke Burgdorff, Vorstand der Montag Stiftung Urbane Räume, und Kasper König, seinerzeit Direktor des Museum Ludwig.

Am *Opernbrunnen* und der gesamten Offenbachplatz-Gestaltung von Jürgen Hans Grümmer aus dem Jahr 1966 zeigte sich, wie aktuell die Diskurse um die Gestaltung von Städten geführt werden. Der Brunnen, der als Kunstwerk ewiges Bleiberecht genießt, wird zum fokussierten Exempel einer Diskussion um Erhalt und Modernisierung des gesamten Bauensembles, für das die Entscheidungsgremien der Stadt noch vor Kurzem einen Teilabriss beschlossen hatten. Diese im Zusammenhang mit Architektur der 1950er-, 1960er- und mittlerweile auch der 1970er-Jahre vielerorts geführte Debatte, die eine Entsorgung von bau- und damit kulturgeschichtlichen Zeugnissen in der Talsohle ihrer Prominenz thematisiert, hat in Köln einen hohen Stellenwert erlangt. Das zeigt auch, wie stimulierend es für eine Stadtgesellschaft ist, solche Entscheidungsprozesse aktiv und mit breiter Beteiligung zu gestalten. Bei der leidenschaftlich geführten Diskussion um das Opern- und Schauspielhaus-Ensemble, erbaut zwischen 1957 und 1962 von Wilhelm Riphahn, manifestierte sich genau diese Fragestellung, wann und wie historisch-kulturelle Identitätsbildung erfolgt und wie diese mit ökonomisch-technischen, aber auch mit geschmacklichen Aktualitätsansprüchen in Einklang zu bringen ist. Welche Rolle dabei die Kunst und die besondere Zwischenposition der Künstler spielen kann, welche Art der Betrachtung und Bewertung ihre Arbeit erfahren sollte, konnte am Beispiel des *Opernbrunnens* sehr konkret untersucht werden. Auch hier galt, und darüber waren sich Frauke Burgdorff und Kasper König einig, dass ohne weitreichende Kontextberücksichtigung keine sinnvollen Entscheidungen zu treffen sind. Unterstützt durch das eingebrachte Wissen des kompetenten Publikums, konnte erneut festgestellt werden, dass nur durch umfassende Kenntnisse eine angemessene Betrachtungstiefe erlangt wird.

Folgende Stellungnahmen lassen sich aus der Veranstaltung vor Ort zusammenfassen:
Das bürgerschaftliche Engagement für die Stadt und ihre Entwicklungsprozesse ist nicht hoch genug zu bewerten. Es führt zu einer sensiblen Wahrnehmung der Zusammenhänge und dem Willen, aktiv mitzugestalten und Teilhabe als politische Aufgabe zu etablieren. Diesem Engagement gilt es auch von politischer und administrativer Seite nicht nur Diskussionsforen, sondern auch Entscheidungsbeteiligungen einzuräumen.
Dieses Engagement nimmt zugleich eine Kontroll-

aufgabe wahr, die das identitätsbildende Interesse an der eigenen Geschichte berücksichtigt. Der Versuch, historisch bedeutsame Bauwerke und stadträumliche Strukturen noch vor oder sogar nach ihrer Ausweisung als Denkmal aus ökonomischen Gründen zu beseitigen, kann durch ein so geschärftes Bewusstsein verhindert werden.

Allerdings muss eine Diskussion über das sinnvolle Maß von Konservierung geführt werden, um der Stadt genügend Raum für notwendige Entwicklungen zu lassen. Nicht alles aus der Vergangenheit ist erhaltenswert. Eine sorgfältige Analyse dient dazu, die Stadt als historisches Produkt zu erkennen und zu respektieren, sie dabei aber nicht in einem bestimmten Zustand zu musealisieren. Auch das Recht auf Bestand und die Notwendigkeit von Erhalt müssen bei Architektur wie Kunst immer wieder neu befragt und ausgehandelt werden.

Abb. S. 80 / 81
Markierung der Situation am *Opernbrunnen* von Jürgen Hans Grümmer als zentralem Element seiner 1966 realisierten Gesamtgestaltung des Offenbachplatzes vor dem Kölner Opernhaus

Abb. S. 83
Öffentliche Veranstaltung mit Frauke Burgdorff und Kasper König

Sanierung der Arbeit *Ma'alot* (1986)
von Dani Karavan, Heinrich-Böll-Platz
am Museum Ludwig

JOHANNES STAHL

Bis ans Ende der Tage
Das Leben ist kurz, die Kunst von Dauer

Wer Kunstwerke herstellt, rechnet bei diesen selten mit einem Verfallsdatum. Im Gegenteil, Kunst wird über den gegenwärtigen Bezug hinaus gedacht. Manche Werke sind ihrer Zeit weit voraus und werden erst in der Zukunft aktuell, sinnvoll oder verständlich sein. Nicht unerhebliche Bemühungen richten sich daher in der Denkmalpflege und in Restaurierungswerkstätten darauf, der Kunst einen zeitlosen Zustand zu sichern, wenn nicht gar einen Ewigkeitsanspruch. Schwierig wird es jedoch da, wo sich Kunst in Kontexten bewegt, die ein deutlich anderes Zeitmaß anlegen. Hochschulbauten beispielsweise werden mit einer Lebenserwartung von 35 Jahren kalkuliert. Übersichtliche Diagramme zeigen für die Zeit danach die beiden Alternativen: Renovieren oder Abriss.[1] Vor letzterem Fall schützt auch das Urheberrecht den Architekten nicht.[2]

»Der Urheber hat das Recht, eine Entstellung oder eine andere Beeinträchtigung seines Werkes zu verbieten, die geeignet ist, seine berechtigten geistigen oder persönlichen Interessen am Werk zu gefährden«, so lautet das Gesetz.[3] Ob aber eine Entstellung bereits durch das Schaffen einer völlig anderen Umgebung einsetzt, ist heftig umstritten. Zumindest sind einzelne Kunst-am-Bau-Szenarien vertraglich sehr deutlich auf diese Konfliktmöglichkeit eingegangen.[4] Gleichzeitig existieren zahllose Kunstwerke, deren Kontexte nachhaltig gestört sind. Auch das Deponieren eines Kunstwerks auf dem städtischen Bauhof kann bereits eine Entstellung bedeuten, insbesondere dann, wenn er öffentlich zugänglich ist.[5]

Aber nicht nur von dieser Seite droht der freien Entfaltung von Kunstwerken Ungemach. Schließlich altern Kunstwerke – vor allem dann, wenn sie öffentlich aufgestellt werden. »Durch mangelnde Pflege aber können Kunstwerke irreversibel verändert und geschädigt werden«, warnen Restauratoren.[6] Daher sind – spätestens nach Ablauf der auch von Künstlern zu erbringenden Gewährleistung für eventuelle Sachmängel von in der Regel zwei Jahren[7] – Wartungsintervalle notwendig. Farbig gefasste Skulpturen benötigen nach einer gewissen Zeit schlicht einen neuen Anstrich, sofern das allmähliche Verblassen der Farbe nicht Teil des künstlerischen Konzepts ist. Bronzen müssen regelmäßig überprüft werden, für Statik, technische Einrichtungen und insbesondere bewegliche Teile gilt Ähnliches. Hier ist der Eigentümer für das ordnungsgemäße Aussehen der Kunstwerke verantwortlich. Schon eine Vernachlässigung, wie sie im Grunde häufig vorkommt, ist bereits eine erhebliche Beeinträchtigung des Aussehens.[8] Das spricht nicht nur im rechtlichen Sinne gegen den Besitzer, sondern auch in repräsentativer Hinsicht.

Kann das weg?
Dass Kunstwerke restlos beseitigt werden dürfen, lässt zumindest das Urheberrecht offen. Aber nicht immer ist das Mögliche auch klug. Die Ruhr-Universität Bochum

war seit Mitte der 1960er-Jahre ambitioniert mit Kunst geplant und ausgestattet worden; immerhin dachte man sie sich als eine Art Keimzelle der in Planung befindlichen Gesamtstadt Ruhr – aus welcher letztlich nur der Verkehrsverbund realisiert wurde. Wenn ein von Studierenden gemeinsam mit dem Künstler Bernd Figgemeyer 1979 gemaltes Wandbild mit dem Titel *Hoffnungen, Träume und Ängste der RUB-Studenten* verschwindet, kann die politische Dimension solcher Vorgänge die ästhetische überlagern.[9] Seit 2014 heißt es nämlich stattdessen *Doom Void Hope*, so der Titel der Übermalung durch die Künstlergruppe Konsortium mit Lars Breuer, Sebastian Freytag und Guido Münch. Zu sehen ist auf der nun weitgehend grau gehaltenen Wand eine abstrakte Dreierfigur, die sich an der 2011 zerstörten Bochumer Plastik *Maßzeichen* von Otto Herbert Hajek orientiert und auf deren mittlerem Element der Schriftzug »Hope« zu lesen ist. Die anderen Begriffe tauchen auf korrespondierenden Wandbildern von Konsortium in Mülheim an der Ruhr und Marl auf.[10] Dort allerdings kamen sie nicht in Konflikt mit vorhandenen Kunstwerken oder gar dem Vorwurf, deren Totengräber zu sein. Damit wird zwar eine notwendige Diskussion angestoßen, aber es bleibt die Frage, wo und wie sie geführt wird.
»Die Wandmalereien an der Ruhr-Universität Bochum von uns, die im Rahmen des Projektes ›gestern die stadt von morgen‹ entstanden sind, thematisieren die Geschichte und damit verbunden die Überschreibung und Revision von Werken im öffentlichen Raum«, erläutert Sebastian Freytag die temporär geplanten Wandbilder, und: »Unsere Wandmalerei versteht sich nicht als Kunst-am-Bau-Werk, sondern ist eine temporäre Wandmalerei im Zusammenhang mit dem genannten Ausstellungsprojekt.«[11] In Bochum ist diese Situation jedoch aufgeladen. »Kunstzerstörung an der RUB« und »Die Hoffnung stirbt zuletzt« wertet ein Kommentar der *Bochumer Stadt- und Studierendenzeitung* die »Überschreibung und Revision« des immerhin 35 Jahre alten Gemeinschaftsbilds.[12] Es bleiben Fragen: War damals der Architekt als Urheber des Bauwerks mit der studentischen Wandgestaltung einverstanden? Ist die Zerstörung einer solchen Arbeit tatsächlich ein in Kauf zu nehmender »Kollateralschaden« einer an sich einleuchtenden städteübergreifenden künstlerischen Konzeption? Oder wird man die Übermalung als Ziel der Aktion missverstehen? Wenn die neue Malerei irgendwann beseitigt wird, was geschieht dann? Und: Brauchen wir eine solche Diskussion?
Immerhin behauptet Janos Frecot im Rahmen seiner Betrachtung der Berliner Baugeschichte, dass sie gerade deshalb so qualitätsvoll sei, weil man dort auch immer schnell Gebäude abgerissen habe.[13] Ansätze zu einer kulturellen Diskussion dieser Frage gibt es also, geführt wird sie jedoch selten als eine Auseinandersetzung über Formen und Inhalte. Zu stark ist hier der Druck zu Personalisierung und zu tagesaktueller Meldung.

Zwei Beispiele – zwei Umgangsweisen
Dass es um viele Kunstwerke im öffentlichen Raum auf mehreren Ebenen schlecht bestellt ist, kann man auch anhand der beispielhaften künstlerischen Gesamtgestaltung erleben, die Jürgen Hans Grümmer gemeinsam mit dem Architekten Rolf Gutbrod, der Bauverwaltung Nordrhein-Westfalen und dem Gartenarchitekten Gottfried Kühn für den zentralen Außenbereich der Kölner Universität schuf. Das Paradoxe dabei ist: Während einerseits die Kunst-am-Bau-Gestaltung in den Innenräumen von Hörsaalgebäude und Universitätsbibliothek saniert und unter Denkmalschutz gestellt werden soll, möchte das Kölner Universitätsbaudezernat gleichzeitig andere Teile im Außenbereich zum Abriss freigeben. Die ehedem prägnante Gestaltung ist dort bereits durch jahrzehntelange Verwahrlosung verunstaltet. Zudem ist durch Blindenleitsteine und Fahrbahnmarkierungen für Rollstuhlfahrer das Bodenmosaik auf dem Platz über der Universitätsstraße teilweise sogar zerstört worden. Vor dem Hörsaalgebäude allerdings hat man die gleichen Verpflichtungen zur Inklusion ohne solche Schäden »gelöst«. Teile der ehemaligen Gestaltung sind einfach durch einen »Universitätsboulevard« ersetzt worden. Die inzwischen mangels Pflege völlig überwucherte Terrassierung für die forumsartige Platzstruktur, die seit Langem von der Universität außer Betrieb gesetzten skulpturalen Trinkbrunnen für Studierende oder die weit vor jeder anderen Öko-Kunst künstlerisch konzipierten Baumscheiben sind weitere bemerkenswerte Kennzeichen dieser integralen Gestaltung.[14] Zusätzlich türmen sich hier seit etwa 2012 aufgrund von Baumaßnahmen Container als Ersatzseminarräume und rücken der 2004 implantierten und als Platzmitte gedachten monumentalen Stele von Ulrich Rückriem dicht auf den Leib.
Dass in den 1960er-Jahren die umfassende Gestaltungsaufgabe als eine Planung angegangen wurde, in der Architekt, Gartenarchitekt und Künstler gemeinsam zu einer Lösung kamen, war kein Zufall. Immerhin ging es um nichts weniger als den zentralen Platz einer der größten deutschen Universitäten. Und vor allem Hochschulen sind Orte, die mit Ansprüchen an die Zukunft umgehen. Heute soll das alles ein Büro für Landschaftsarchitektur allein gestalten. Gebäude und Kunst entwerfen die Landschaftsplaner gleich mit. Eine Fahrradtiefgarage bildet dabei den Dreh- und Angelpunkt der aktuellen Überlegungen. Was dabei von der ehemaligen Gestaltung erhalten bleiben darf und was abgerissen werden soll, scheint seitens der Universität nachrangig zu sein, solange die technischen Anforderungen erfüllt werden. Von Kunst ist kaum noch die Rede.
Für den Offenbachplatz in Köln und für ein anderes Werk des Künstlers Grümmer ist eine ähnliche Konstellation anders verlaufen. Der ebenfalls bis zum problematischen Zustand hin vernachlässigte *Opernbrunnen* wird 2015 – mit viel Engagement der Erben Grümmers – behutsam saniert. In der skulpturalen Form durchaus eigenwillig, ist der 1966 entstandene Brunnen des damals knapp 30-jährigen Künst-

lers Teil einer Platzanlage, die den Opernvorplatz mit der viel befahrenen Nord-Süd-Fahrt verbindet. Im Zuge der Sanierung dieses Ensembles sind dessen unterschiedliche Qualitäten kontrovers diskutiert worden. Während dem seinerzeit amtierenden Kölner Oberbürgermeister Fritz Schramma der Platz im Jahr 2009 insgesamt »zu tot« erschien, lobte der Architekt Peter Zumthor unter anderem die gelungene »Identitätsstiftung«.[15] Der Schauspieler und Journalist Thomas Hackenberg fand, dass der Brunnen »sich schützend vor die Oper legt, damit sie nicht von der Nord-Süd-Fahrt erdrückt wird«[16]. Zudem vermutet er, dass kaum jemand den Urheber kennt – was sogar Kasper König, der ehemalige Direktor des Museum Ludwig, bei der dortigen Veranstaltung des Projekts *Der urbane Kongress* für sich selbst zugegeben hat.

Das Spiel mit Material und Größenverhältnis bildet ein wichtiges inhaltliches Moment für Platz und Brunnen, bis hin zu den Mosaikstücken des Brunnenbeckens. Grümmer kombinierte Elemente unterschiedlicher Provenienz aus Backstein, Beton und Mosaiksteinen. Vor allem das Wasser ist ein wesentliches Element, das die Farben des Mosaiks sowie die frei geformten Betonteile im Brunneninneren stets neu akzentuiert. Nach der Restaurierung darf man auf die wiedererlebbare Situation gespannt sein. Spätestens dann wird man den Brunnen hinsichtlich seines künstlerischen Werts als Skulptur betrachten und prüfen können, wie anspruchsvoll die integrale Aufgabenstellung gelöst worden ist – und ob sich die Präsenz der Grümmer'schen Gestaltung verändert hat.

Schaut sich das weg?
Hürden für neue Kunstwerke bestehen nicht zuletzt deshalb, weil mit der Platzierung von Kunstwerken im öffentlichen Raum eine völlig andere zeitliche Dimension verbunden ist als bei privatwirtschaftlich betriebenen Bereichen. Natürlich gibt es zwischen der seit Jahrzehnten explosionsartig wachsenden, zudem schnell wechselnden Reklame und den auf Dauer angelegten Gebäuden überaus große Unterschiede. Noch grundsätzlichere Grenzen existieren jedoch in den Zielsetzungen zwischen werbemäßig bewirtschafteten Flächen im öffentlichen Raum und staatlich eingerichteten Infrastrukturen, die einen verfassungsgemäß festgeschriebenen Anteil an Kultur realisieren.

Ein aktueller Blick auf Bahnhöfe offenbart ein solches Kontrastszenario deutlich. Als technische Errungenschaft des 19. Jahrhunderts verbanden sich diese Ankunfts- und Abfahrtsbühnen einst mit einem Öffentlichkeitsverständnis, das diesen »Kathedralen des Fortschritts« einen sehr hohen gesellschaftlichen Rang einräumte. Das setzte einen entsprechenden Konsens voraus. Heute gilt in Bahnhöfen das Hausrecht der gleichwohl noch staatlichen Aktiengesellschaft. Kunstwerke, soweit sie überhaupt noch existieren, sind geradezu einer mörderischen Konkurrenz durch die werbliche Bewirtschaftung nahezu aller Flächen ausgesetzt.

Zu fragen ist dabei zweierlei: Haben sich Kunstwerke in ihrer Positionierung oder mit anderen ihnen zur Verfügung stehenden formalen Mitteln bereits auf diese Marginalisierung eingestellt? Und: Wie steht es um den kulturstaatlichen Konsens, der einmal dazu geführt hat, dass Bahnhöfe als gesellschaftliche Errungenschaft und identifikationsbildende öffentliche Bauwerke eben auch mit Kunstwerken versehen wurden? Joseph Beuys formulierte für eine Postkarte mit hoher Auflage die Sentenz »Die Mysterien finden im Hauptbahnhof statt«, heute stellt sich die Frage: Ist das nur für eine noch nicht privatisierte Bahn denkbar?

Unter diesen Aspekten ist ein weiteres Kölner Beispiel interessant: das *Dropped Cone* von Claes Oldenburg und Coosje van Bruggen aus dem Jahr 2001. Das scheinbar weggeworfene Mega-Eishörnchen auf dem Dach einer Shopping-Passage mitten im Kölner Zentrum macht das typische zwiespältige Spiel der Pop-Art zwischen Konsumaffirmation und -kritik deutlich. Man kann es wie ein Schutzamulett sehen, das die bildende Kunst davor warnt, sich jenseits dieser Fassade, im Tempelbezirk des Konsums, blicken zu lassen. Immerhin hat die Immobilie im Inneren bereits eine erste durchgreifende Neuaufstellung erfahren, ohne dass dieses »Wahrzeichen« in Mitleidenschaft gezogen wurde. Wenn das Zeitalter des bedingungslosen Konsums einmal abgeschlossen sein sollte: Wird diese Skulptur dann als verhasstes Symbol eines untergegangenen Systems zerstört werden, oder wird sie als frühe Mahnung zu einem Erinnerungsort des Widerstands gegen den nun überwundenen Konsumterror?

Offene oder ewige Form

»Der Dom zu Coeln rage ueber diese Stadt rage ueber Deutschland ueber Zeiten / Reich an Menschenfrieden reich an Gottesfrieden bis ans Ende der Tage«, so stand es auf einer versilberten Bronzemedaille, welche die Hamburger Firma J. J. Lorenz und Söhne um 1880 zur Fertigstellung des Kölner Doms auflegte.[17]

Auch wenn das monumentale Bauwerk sich als Argument kaum eignete, bei der Bewerbung Kölns um den Titel der europäischen Kulturhauptstadt über die Vorauswahl hinauszukommen: In Köln stellt der Dom wesentlich mehr dar als nur einen Konsens. Er ist ein unverzichtbares Identifikationsmerkmal, eben ein solches Kulturgut, das in Kriegen entweder bewusst geschont wird oder – wie bei der Bombardierung Nürnbergs oder jüngst zerstörter antiker Monumente – gerade wegen seiner kulturellen Bedeutung vernichtet wird. Der Konflikt um die *Kreuzblume* zeigt, wie wirksam ein solcher Status sein kann: Weil das der touristischen Vermarktung dienende Objekt im Zusammenhang mit dem Dom und seinem Ewigkeitsanspruch gesehen wird, bedarf es massivster Anstrengungen, dieses Provisorium wegzubewegen und dem seit 1980 völlig marginalisierten und entwerteten *Taubenbrunnen* von Ewald Mataré aus dem Jahr 1953 den Wirkungsraum zurückzugeben, den er in aller Bescheidenheit braucht.

Im Sog dieses kathedralen Ewigkeitsanspruchs ist es hilfreich, sich der Worte eines Kritikers zu erinnern, der auch in der Möglichkeitsform des nicht zu Ende gebauten Doms Positives fand: »Er ward nicht vollendet – und das ist gut / Denn eben die Nichtvollendung / Macht ihn zum Denkmal von Deutschlands Kraft / Und protestantischer Sendung.« Natürlich ist Heinrich Heines *Deutschland. Ein Wintermärchen* von 1844 erklärtermaßen gespickt mit ironischen Anspielungen aller Art – und vor dem deklamierenden »begabten König« macht er schon gar nicht Halt oder träumt gar von einem Massaker an den wiederauferstandenen Heiligen Drei Königen. Der Hinweis auf die »protestantische Gesinnung« gerät zur Spitze sowohl gegen das katholische Köln wie auch gegen die preußischen Könige. Die Frage aber, ob die bewusst offen gehaltene Form für ein Denkmal besser ist, beschäftigt nicht nur Politiker oder Denkmalpfleger. Edward Kienholz' Arbeit *The Portable War Memorial* von 1968, zu sehen im Kölner Museum Ludwig, war als Kunstwerk darauf angelegt, dass Besucher mit Kreide die Namen weiterer Länder einfügen können, welche Opfer äußerer Aggression geworden sind. Im Museum wurde die Kreide jedoch durch ein bemaltes Stück Holz ersetzt. Berühren ist verboten. Auch wenn für Kunstwerke oft ein Gebrauchsszenario nicht vorgesehen ist, bleibt doch die Frage: Auf welche Weise gehen sie kaputt?

Tabula rasa, Tarnkappen und runde Tische
Geradezu paradigmatisch wurde und wird die Diskussion um die Bestandsgarantie öffentlicher Kunstwerke in mitteldeutschen Städten geführt. In Halle an der Saale ist das bahnhofsnahe *Monument der revolutionären Arbeiterbewegung* aus dem Jahr 1970 von Heinz Beberniß, Gerhard Lichtenfeld und Sigbert Fliegel nach einem Stadtratsbeschluss mit deutlicher Mehrheit[18] komplett zerstört worden. Zahlreiche Diskussionen und auch die Einbringung politisch aktualisierter Jahreszahlen – unter anderem des Arbeiteraufstands von 1953 und der Revolution 1989 – schützten das mächtige Betonmonument nicht vor der Zerstörung. Im Gegensatz dazu bleibt das sogenannte Fahnenmonument – ebenfalls von Sigbert Fliegel – bis heute eine städtische Signifikante. Die als *Flamme der Revolution* ursprünglich in weißem Anstrich konzipierte hyperbolisch geschwungene Betonform wurde wegen politischen Einspruchs der örtlichen Parteileitung kurz vor ihrer Eröffnung 1967 in sozialistischem Rot gestrichen und war der zentrale Blickpunkt bei Aufmärschen während der DDR – und letztlich auch für die Montagsdemonstrationen 1989. Nach der Wende wurde sie wiederholt Objekt von Bemalungen durch Schulklassen und die freie Szene. Durch einen nahe herangerückten Neubau der Telekom bedrängt, verlor sie ab 1995 vollständig ihren Kontext und Stellenwert als frei aufgestelltes zentrales Platzelement und wirkt seither so, als sei sie im Zusammenhang mit diesem Gebäude entstanden. Nach einer intensiven Diskussion um ihren Abriss entschied man sich stattdessen für einen Wettbewerb zu einer farbigen Neufassung. Heute spielt ein Farb-

muster mit dem geometrischen Ursprung der Skulptur. Gleichzeitig legt eine solche Variante eine unpolitische Lesart nahe. Die Frage ist, ob man diese Entwicklung eher als eine Art Tarnkappe über den Ursprung der Arbeit sehen möchte oder als einen glücklicherweise errungenen gesellschaftlichen Konsens für eine schwierige Situation. Der in Halle geborene Künstler Olaf Nicolai jedenfalls zitierte die Form des Fahnenmonuments in einer entsprechend großformatigen Plastik, die liegend in den Ausstellungsräumen der Städtischen Galerie Wolfsburg präsentiert wurde – in sozialistischem Rot. Der Titel dieser Arbeit von 2002 ist eindeutig: *Die Flamme der Revolution, liegend (in Wolfsburg)*. Wenn der Kampf um die Form weitergeht, dann geht es immer auch um die Frage, wo das geschieht und wie dies vermittelt wird.

Vermittlungen
Die materiell-optische Konkurrenz für Kunstwerke im öffentlichen Raum ist durch Autos, Schilder, Reklame und nicht zuletzt Architektur enorm gewachsen. Zudem absorbiert eine permanente elektronische Kommunikation den Rest der Aufmerksamkeit. Damit stellt sich erneut die Frage nach den Freiräumen, die Kunstwerke künftig noch haben werden. Mit dem Selbstverständnis einer Veredelung der Wahrnehmung treten die Künste jedenfalls nicht mehr auf. Was adelt ein Kunstwerk im öffentlichen Raum außer der Tatsache, dass es ein Kunstwerk ist? Einer Arbeit wie Eduardo Chillidas Skulptur *Berlin* ist die mediale Präsenz gewiss: Sie steht seit dem Jahr 2000 vor dem Bundeskanzleramt. Ob aber ein solcher politischer Kontext einer tief gehenden Auseinandersetzung mit diesen nun gar nicht mehr so freien Formen förderlich ist? Zumindest wirbt die Skulptur als Signet für ein kulturelles Staatsverständnis und trägt dazu bei, dass sich andere offizielle Präsenzen daran orientieren. Ihre Auswahl als Bildhintergrund bei politischen Statements bietet zudem ein aufschlussreiches Feld für die Rezeptionsästhetik. Als Frage bleibt allerdings, ob die Skulptur *Berlin* angesichts dieser Bedingungen mehr als bloße Reklame sein kann.
Und was passiert dort, wo eine so strategisch eingesetzte Funktionalisierung der Kunst medial nicht mehr greift? Wer sich der Berichterstattung über Kunst im öffentlichen Raum widmet, wird diesem repräsentativen, gleichsam staatstragenden Grundzug immer wieder begegnen. Oder es greift das Repräsentationsgefüge der bildenden Kunst und ihrer Szene: Ein wichtiger Künstler scheint demzufolge immer auch wichtige Arbeiten im öffentlichen Raum zu machen. Analysen, die versuchen, das Öffentliche an solch öffentlicher Kunst ohne diese beiden Perspektiven zu thematisieren, sind nach wie vor selten, genauso wie rezeptionsanalytische Ansätze, die städtische Atmosphären in den Mittelpunkt rücken.[19] Und wo die Analyse nicht weit gediehen ist, bleibt auch die Vermittlung zurück. Ohne eine Förderung der Vermittlung von öffentlicher Kunst und eine vertiefte Diskussion über ihre Methoden wird eine solche Kunst keine Chance haben, so intensiv und so nachhaltig wahrgenommen zu werden, wie sie es eigentlich verdient.

1 | Siehe die Dokumentation des Vortrags von Stibbe, Jana: »Lebenszyklus von Gebäuden«, Hannover 2012, in: http://www.his-he.de/veranstaltung/dokumentation/Forum_Hochschulbau_062012/pdf/02_HISForumHSBau_12_Top2.pdf [05.04.2015].
2 | Siehe die Rechtsprechung dazu unter: http://www.baunetz.de/recht/Verletzt_die_vollstaendige_Zerstoerung_des_geschuetzten_Bauwerks_die_Rechte_seines_Urhebers-__44180.html [05.04.2015].
3 | Bundesministerium der Justiz: *Gesetz über Urheberrecht und verwandte Schutzrechte (Urheberrechtsgesetz)*, § 14, 97 I UrhG; zit. nach http://www.gesetze-im-internet.de/urhg/BJNR012730965.html [05.04.2015].
4 | So hat die Künstlerin Leni Hoffmann bei ihrer irisierenden Wandgestaltung des Bonner Ministeriums für Arbeit und Soziales im Jahr 2011 darauf gedrungen, dass Veränderungen in der Umgebung des Kunstwerks ausgeschlossen werden. Vorausgegangen waren verstörende Erlebnisse anderenorts.
5 | Berufsverband Bildender Künstlerinnen und Künstler: *ProKunsT 4. Steuern – Verträge – Versicherungen*, Bonn 2006, S. 157–158.
6 | Breder, Frederike und Julia Giebeler, Kaska Kmiotek-Nogalski, Rutger Morelissen, Verena Panter: *Erhaltung von modernen und zeitgenössischen Außenskulpturen*, hrsg. vom Verband der Restauratoren e. V., Bonn 2011, in: http://www.restauratoren.de/fileadmin/red/FG_Moderne_Kunst/AG_Aussenskulptur/Assenskulptur.pdf [05.04.2015].
7 | Wie Anm. 5, S. 160.
8 | Wie Anm. 5, S. 156.
9 | Siehe dazu den Online-Artikel von Ulrich Schröder unter: http://www.bszonline.de/artikel/getilgte-kunstspuren-bochum [05.04.2015].
10 | Abbildungen finden sich unter: http://www.larsbreuer.de/index2.htm, jedoch kein Hinweis auf das vorausgegangene Bild an der Ruhr-Universität, was sich in der Konzeption durchaus als Bezug denken lässt.
11 | Wie Anm. 9.
12 | Siehe http://www.bszonline.de/artikel/kunstzerst%C3%B6rung-der-rub [05.04.2015].
13 | Frecot, Janos und Helmut Geisert: *Berlin im Abriss. Beispiel Potsdamer Platz*, Berlinische Galerie/Medusa, Berlin, 1981, S. 5.
14 | Krings, Ulrich: »Kulturbauten in Köln – eine Auswahl«, in: *Bauten und Anlagen der 1960er und 1970er Jahre – ein ungeliebtes Erbe?*, hrsg. von Michael Hecker und Ulrich Krings, Köln 2011, S. 108–110. Krings weist hier bereits auf den verwahrlosten Zustand hin.
15 | Retsch, Sarah: *Die Bausünde – Karriere eines Begriffs*, Nürnberg 2009, S. 28–30, hier: S. 29, in: http://a42.org/fileadmin/_img/disko/disko_14.pdf [05.04.2015].
16 | Hackenberg, Thomas: »Liebe Deine Stadt«, in: *Jürgen Hans Grümmer. Maler und Bildhauer*, Ausst.-Kat. Kunsthaus Rhenania, hrsg. von Judith Grümmer, Lindlar 2010, S. 28–30.
17 | Dieses Zitat König Friedrich Wilhelms IV. zur Neuaufnahme der Bauarbeiten nutzte auch sein Bruder und Nachfolger Kaiser Wilhelm zur Einweihung 1880. Zit. nach: »Kaiser Wilhelm und die Kölner Domfeier. (Ein Nachwort)«, in: *Provinzial-Correspondenz*, Jg. 18, No. 43, 20. Oktober 1880, unter: http://zefys.staatsbibliothek-berlin.de/amtspresse/ansicht/issue/9838247/2242/1/ [05.04.2015].
18 | Schierholz, Alexander: »Stadtrat stimmt für Abriss der ›Fäuste‹«, in: *Mitteldeutsche Zeitung*, 17.10.2001, unter: http://www.mz-web.de/halle-saalekreis/riebeckplatz-stadtrat-stimmt-fuer-abriss-der--faeuste-,20640778,20002354.html [05.04.2015].
19 | Ausnahmen bilden Degreif, Uwe: *Skulpturen und Skandale. Kunstkonflikte in Baden-Württemberg*, Tübingen 1997 (Diss. Tübingen 1995) sowie einige Publikationen aus dem Bereich der Street-Art: Krause, Daniela und Christian Heinicke: *Street Art. Die Stadt als Spielplatz*, Berlin 2006. – Mai, Marcus und Thomas Wiczak: *Das Gedächtnis der Stadt schreiben*, Arsta (Schweden) 2007.

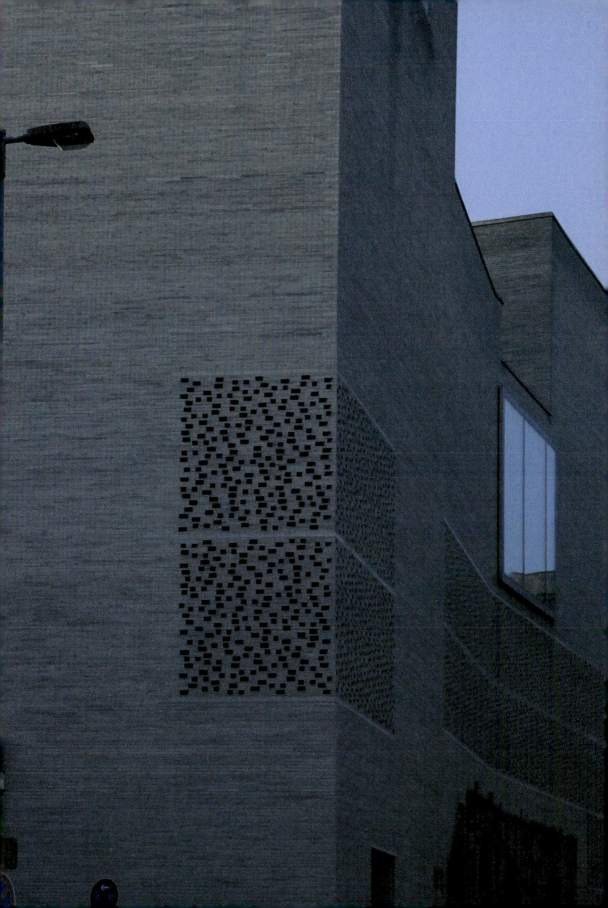

Die Zukunft der Geschichte
Kunst als Teil der urbanen Identitätsbildung

Kunst und Stadtstruktur müssen gemeinsam diskutiert werden. Wie kann die historische Sedimentierung einer Stadt aussehen? Kann und soll sie wahrnehmbar sein – in Form von Schichtungen, Verwerfungen oder Überschreibungen? Wie können Aktualisierungen und notwendige Veränderungen gestaltet werden, wenn wir die Stadt weiterhin als lesbaren Zeit-Raum-Körper erfahren wollen, der die kulturellen Charakteristika der Jahrzehnte und Jahrhunderte abbildet? Die Gesprächspartner waren Stefan Kraus, der Direktor des Kunstmuseums Kolumba, wo die Veranstaltung stattfand, und der Architektursoziologe Frank Roost.

Kolumba mit seiner in vielerlei Hinsicht außergewöhnlichen, von Peter Zumthor gestalteten Architektur ist ein ideales Beispiel, um das Sichtbarmachen, Konservieren, Integrieren und Fortschreiben von historischer Bausubstanz im stadträumlichen Kontext zu diskutieren. Für das Projekt *Der urbane Kongress* war allerdings ausschlaggebend, dass Kolumba nicht nur als öffentlich zugängliche Behausung von Kunstwerken dient, sondern von Kunst als Teil der Architektur und der Stadt durchdrungen ist. Sie ist integraler Bestandteil dieses architektonisch-kulturellen Projekts, das sich explizit mit zeitlichen und stofflichen Schichtungen befasst. Ob dieser bei Kolumba praktizierte Umgang nicht nur unter architektonischen, sondern auch unter kulturellen und künstlerischen Aspekten als vorbildliches Modell gelten kann und in seiner Grundhaltung generelle Anwendung finden sollte, war eine zentrale Frage des Gesprächs zwischen Stefan Kraus und Frank Roost – und natürlich dem Publikum. Die Zusammenschau von archäologischem Kirchengrund, Ruinenbestand, diversen für den Ort geschaffenen Artefakten, des Kapellenbaus von Gottfried Böhm und der »Überbauung« von Zumthor schafft eine alltäglich erlebbare Verdichtung historisch-urbaner Realität, verbunden mit einer besonderen Wertschätzung für den Anteil der bildenden Künste daran. Gegenstand des Gesprächs war aber auch die Bedeutung solcher zeitlichen Materialisierungen in unterschiedlichen Kulturen. Ein Europa-Asien-Vergleich, den Frank Roost beisteuerte, verwies auf kulturelle Ausrichtungen, die sich durch rituelle und spirituelle Praxis von materieller Repräsentanz weitgehend unabhängig machen: Nicht die Originalität eines Bauwerks steht dort im Zentrum des Interesses, sondern der Raum als Ort der Handlung (für Gebet, Meditation oder anderes). Die Weitergabe des Wissens rund um Bauwerke wie bei den Tempeln, die oft mehrfach wieder neu aufgebaut werden anstatt sie zu restaurieren, ist nicht im faktisch Materiellen verankert, sondern in der Überlieferung von Erzählungen. Eine äußerst interessante Perspektive, die westliche Vorstellungen von materialisierter Einschreibung, Speicherung und Authentizität relativiert und infrage stellt.

Folgende Stellungnahmen lassen sich als Ergebnis der Veranstaltung festhalten:

Urbane Identitätsbildung hat auch mit der Lesbarkeit von architektonisch-städtebaulicher Sedimentierung zu tun. Um das in sensibler und intelligenter Form sichtbar und erlebbar zu machen, sollten immer wieder auch Kunst und Künstler an Bauvorhaben und Planungsprozessen beteiligt werden. Die besondere Wahrnehmungskompetenz und Methodik von Künstlern ermöglichen Erkenntnisse, die über das rein Faktische hinausgehen und das Potenzial einer urbanen Situation aufspüren.

Die Schaffung beispielhafter architektonisch-künstlerischer Situationen mit plausiblem Kontextbezug kann sowohl in der direkten stadträumlichen Umgebung enorme Gravitationskraft für positive Veränderungen entwickeln als auch Vorbildfunktion für das gesamtstädtische Umfeld haben. Hierbei ist nicht die Rede von sogenannten Leuchtturmprojekten, die zumeist Marketingstrategien verfolgen.

Nachhaltige, identitätsstiftende Stadtbildung ist ein Wachstumsprozess. Das schließt konzeptionelle wie materielle Anteile von Kunst mit ein. Einseitige Lösungen wie »Altes abräumen und Neues an seine Stelle setzen« oder »Altes für immer konservieren und unverändert erhalten« können nur selten geeignete Antworten sein.

Abb. S. 94 / 95
Markierung der Situation am Kunstmuseum Kolumba (2007) von Peter Zumthor mit integrierten Kapellenbauten (1950/57) von Gottfried Böhm

Abb. S. 97
v. o. n. u.: Kunstmuseum Kolumba, Fassadenrudiment der spätgotischen Kirche St. Kolumba, Lichtkegel-Markierung

KAY VON KEITZ
Kolumba
Ein Modell für die Kunst,
die Stadt und den öffentlichen Raum?

Ein echter Zumthor mitten in Köln! Das 2007 eröffnete erzbischöfliche Kunstmuseum Kolumba ist ein mehrfach ausgezeichnetes Meisterstück des international renommierten Schweizer Architekten und begeistert längst nicht nur seine Fans oder die Kenner des Genres Museumsbau. Dass es sich hierbei um ein Gebäude von herausragender Qualität handelt, welches bis ins Detail mit größter Sorgfalt gestaltet wurde, fällt auch Bewohnern und Besuchern Kölns sofort auf, die keine besondere Vorbildung in Sachen Baukunst haben. Der Grund dafür besteht nur zum Teil darin, dass es in einer Stadt steht, die mit architektonischen Preziosen nicht gerade gesegnet ist. Der deutliche Kontrast zum allgemeinen baukulturellen Niveau in Köln trägt zwar unbestritten dazu bei, dass Kolumba geradezu ein »Hingucker« ist, aber die Markante und zugleich sensible Architektur würde auch in Städten, die auf diesem Gebiet erheblich mehr zu bieten haben, nicht unbeachtet bleiben. Wobei man hinzufügen muss: Peter Zumthors Kreation ist, seinem architektonischen Credo entsprechend, aus den Bedingungen des Ortes heraus und exklusiv für diesen Ort entwickelt worden. Bei Kolumba bedeutete das allerdings, mannigfaltige räumliche wie inhaltliche Anforderungen und Bezüge eines in mehrfacher Hinsicht vielschichtigen Museumsprojekts zu berücksichtigen.
Die Bauaufgabe, die 1997 als Architekturwettbewerb ausgeschrieben wurde, bestand bei Weitem nicht nur im Entwurf eines Museumsgebäudes für eine bestehende und sich erweiternde Sammlung (sakraler) Kunst, die vom Mittelalter bis in die Gegenwart reicht und darüber hinaus Objekte vom liturgischen Gerät bis zum zeitgenössischen Design umfasst. Vielmehr war auch ein architektonisches Konzept verlangt, das die Ruine des zwischen dem 10. und 15. Jahrhundert immer wieder veränderten und im Zweiten Weltkrieg zerstörten Kirchenbaus St. Kolumba als archäologische Stätte erhält und für das Publikum zugänglich macht. 1974 hatte man auf dem Gelände mit Ausgrabungen begonnen, die bis in römische Schichten aus dem 1. Jahrhundert führten, was an solch einer Stelle im Innenstadtbereich Kölns allerdings keine große Überraschung ist. Gleichzeitig sollten die beiden miteinander verbundenen Kapellenbauten von Gottfried Böhm, *Madonna in den Trümmern* aus dem Jahr 1950 und die Sakramentskapelle von 1957, die seinerzeit auf das Trümmergrundstück gebaut worden waren, als wertvolle Architekturen und historische Zeugnisse der jüngsten Vergangenheit in die neue Bebauung integriert werden.[1]
Zudem wünschte sich der Bauherr ein Gesamtkonzept, das die Kunst als integralen Bestandteil des Museumsbaus inszeniert und erfahrbar macht. Dadurch sollte zum einen auf die traditionsreiche Rolle der bildenden Künste im Kontext von Sakral-

bauten verwiesen werden, was auch durch die Böhm-Kapellen belegt wird, die
damals durch sehr zeittypische Künstlerbeteiligungen, beispielsweise mit Chorfenstern von Ludwig Gies oder einem Tabernakel von Elisabeth Treskow, ausgestattet
worden sind. Zum anderen sollten die gezeigten Kunstwerke, für jeden spürbar, mehr
sein als lediglich der Inhalt, mit dem eine (sich selbst genügende) Architektur
nach ihrer Fertigstellung gefüllt wird. Insofern war die 1997 in der Sakristei der
Kirchenruine installierte altarähnliche Stahlskulptur *The Drowned and the
Saved* (1992) von Richard Serra als symbolträchtiges Präludium zu einer neuen Ortsbestimmung gedacht oder, wie es auf der Kolumba-Internetseite heißt, als »ideeller
Grundstein für die zukünftige Nutzung«[2].

Anhand dieser knappen Beschreibung der Gemengelage aus spezifischen Gegebenheiten und Aufgabenstellungen wird bereits deutlich, dass es sich bei diesem
Projekt sowohl baulich als auch programmatisch um einen besonders komplexen
Fall handelt. Hier ist eine ganze Reihe von thematischen und funktionalen
Motiven miteinander verflochten, die das Museum selbst betreffen, aber auch dessen
Gestalt und Wirkung im städtischen Raum. Das ist in beide Richtungen mit hohen
Ansprüchen an das architektonische Ergebnis wie auch an die Rolle der darin
»beheimateten« Kunst verbunden. Der damalige Direktor Joachim Plotzek sprach im
Rahmen des Wettbewerbs von dem »Museum als Schatzhaus der Erinnerung, des
Erinnertwerdens, der Begegnung mit Unbekanntem, der Wiederbegegnung mit Unbekanntem und damit schlechthin der Wahrnehmung und Nachdenklichkeit, ein
Ort der von den Sinnen animierten Reflexion«. Für Plotzek muss dieses Museum »eine
›Qualität des Ortes‹ bereithalten [...] Diese zeigt sich zum einen in der Beschaffenheit seiner Architektur und deren Verhältnis zu der in ihr geborgenen Kunst, in der
Integration und Verwurzelung der Architektur als einer bewussten Reaktion
auf einen historisch definierten und städtebaulich interpretierten Standort und zum
anderen im Umgang mit der Kunst«[3]. Kolumba soll also durch seine Inhalte und
sein inszenatorisches Konzept für die Begegnung mit Kunst und anderen Objekten
kultureller Praxis als ein besonderer Ort der Konzentration und Kontemplation,
der Reflexion und des Dialogs fungieren. Dies allerdings ohne sich dabei der umgebenden Stadt gegenüber autistisch oder ignorant zu verhalten. »Splendid isolation«
ist hier zwar durchaus zu erleben, doch das ist nur die eine Seite von Zumthors kompakten Gebäude-Kubaturen, bei denen ihm eine erstaunliche architektonischstadträumliche Dialektik gelingt: Ein hermetisch gestalteter Baukörper mit Trutzburg-Attributen, der aber nicht abweisend, sondern mittels einer gewissen Geheim-

nisrhetorik eher anziehend wirkt. Durch die Formensprache und Materialität wird eine klösterliche Atmosphäre erzeugt, die jedoch zugleich tradierte Urbanität vermittelt. Vom eigens für diesen Bau hergestellten Kolumba-Ziegel bis hin zur vollständigen Integration des noch restlich vorhandenen gotischen Kirchenmauerwerks und der Böhm'schen Nachkriegskapellen strahlt das Bauwerk in seiner massivscharfkantigen Anmutung gleichermaßen selbstverständlich Zeitlosigkeit wie Modernität aus. Reflexion und Dialog sind daher nicht nur nach innen gerichtet gedacht, sondern beziehen sich auch auf das Außen – als nachhaltiger städtebaulicher Beitrag zur Lesbarkeit und somit Nachvollziehbarkeit von historischen Entwicklungen, der zugleich eine eigene selbstbewusste Aussage zur Gegenwart formuliert.

Zumthors Kolumba fragt dabei von Anfang an und auf allen Ebenen nach Zusammenhängen und trifft sich bereits an diesem Punkt mit der Kunst, die gerade in urbanen Räumen von einer Vielzahl kontextueller Momente betroffen ist. Das Kolumba-Konzept, das sich – sowohl als Museum wie als Bauwerk – zwischen Erhalt und Interpretation von historischem Bestand, zwischen abgeleiteter und autonomer Setzung bewegt, spiegelt dabei die allgemeinen Fragen nach der Wahrnehmung wie der Darstellung von Geschichtlichkeit, von Kontinuitäten und Brüchen, stetem Wandel und radikalen Veränderungen. Fragen, die letztlich ins große Thema Identität münden, das aufgrund von Digitalisierung, Mobilität und einer generellen Beschleunigung derzeit allerorten Hochkonjunktur hat. Kann der intensive architektonische Umgang von Kolumba mit diesen Aspekten als modellhaft betrachtet werden? Ist solch ein integrierendes Ergänzen, Um- und Weiterbauen – wie es in früheren Jahrhunderten üblich war, bevor sich die Idee von einem schützenswerten Original etablierte – eine zeitgemäße Form, die zur Bildung eines materialisierten kollektiven (Stadt-)Gedächtnisses führt?[4] Und wie notwendig ist diese Materialisierung des Erinnerns für uns? Oder haben wir es hier lediglich mit aufwendiger geschmäcklerischer Deutung, mit Stein gewordener Nostalgie in besonders verfeinerter Fassung zu tun?

Wahrscheinlich wird man ein paar Jahrzehnte abwarten müssen, um mit etwas Distanz und Erfahrung erste fundierte Antworten geben zu können. Was allerdings jetzt schon festgestellt werden kann, ist eine positive Ausstrahlung auf die direkte Umgebung und in die gesamte Stadt hinein, die nicht nur der konkreten Architektur geschuldet ist und nichts mit den Spektakel-Effekten eines Guggenheim-Museums in Bilbao gemein hat. Die »Tiefenwirkung« des Gebauten wie die seines Zwecks und der kulturellen Haltung, die beidem zugrunde liegt, entsteht aus der an jeder Stelle

ablesbaren Ernsthaftigkeit und Intensität, mit der dieses Projekt entwickelt wurde. Das schafft Bewusstsein über ein Museumspublikum hinaus und verändert kurz- wie langfristig Nachbarschaften – mental und baulich: Das gegenüberliegende elegante Dischhaus von Bruno Paul aus dem Jahr 1929/30, eine der wenigen prominenten Architekturen aus dieser Zeit in Köln, ist ein Jahr nach der Kolumba-Eröffnung aufwendig und dem Original verpflichtet saniert worden. Der heutige, nach einem Wettbewerb ambitioniert gestaltete L.-Fritz-Gruber-Platz schräg gegenüber vom Museum war noch bis vor wenigen Jahren eine typisch kölsche Auto-Abstellfläche. Und der Gehweg in der Kolumbastraße entlang des Museumsgebäudes gibt sich deutlich als mitgestaltet zu erkennen und verzichtet gänzlich auf Autoabwehr-Poller, was in Köln einem kleinen Wunder gleichkommt.
Wirkungen solcher und noch ganz anderer Art kann auch Kunst im öffentlichen Raum entfalten, temporär oder auch dauerhaft, je nach Situation und künstlerischem Ansatz. Sie benötigt allerdings die Möglichkeiten und die entsprechenden Räume dafür und ein ebenso kontextbezogenes Verstehen, Entwickeln und Behandeln, wie es beim »Modell« Kolumba beispielhaft vorgeführt wurde. Denn bei genauerer Betrachtung muss man letztlich bekennen: Der substanzielle und ästhetische Anspruch, den Zumthor hier formuliert hat, ist der von architektonischer Kunst im öffentlichen Stadtraum.

---

[1] Die beiden Kapellen von Gottfried Böhm (*Madonna in den Trümmern* ist sein erster realisierter Entwurf überhaupt) waren ursprünglich als vorläufige Bauten gedacht, die den Auftakt für einen späteren Neubau von St. Kolumba bilden sollten. Es gibt dazu aus dieser Zeit einen Entwurf von Böhm, der die Kapellenbauten bereits integriert. 1973 zeichnete er dann statt eines Kirchenbaus den Vorentwurf für ein »Kolumba-Institut« an dieser Stelle, ebenfalls unter Einbeziehung seiner Kapellen. Siehe Kraus, Stefan: »Madonna in den Trümmern. Das Kolumbagelände nach 1945«, in: *Kolumba. Ein Architekturwettbewerb in Köln 1997*, hrsg. vom Erzbischöflichen Diözesanmuseum Köln, Köln 1997, S. 51–61, hier: S. 59.

[2] Siehe http://www.kolumba.de/?language=ger&cat_select=1&category=2&artikle=183 [10.06.2015].

[3] Plotzek, Joachim M.: »Das Museum als Heimat für die Kunst«, in: *Kolumba. Ein Architekturwettbewerb in Köln 1997*, hrsg. vom Erzbischöflichen Diözesanmuseum Köln, Köln 1997, S. 11–15, hier: S. 11–12.

[4] Die Kapellen von Gottfried Böhm wurden vollständig umbaut, sodass von außen nur noch ihre Fassaden zur Kolumba-Straße als ein Teil der neuen Gebäudefassade sichtbar sind. Böhm hat das stets abgelehnt und sich von Peter Zumthor auch in mehreren persönlichen Gesprächen nicht umstimmen lassen. Der Konflikt darüber konnte nicht ausgeräumt werden und ist bis heute ungelöst.

Abb. S. 105
Veranstaltung im Kunstmuseum
Kolumba mit Stefan Kraus
und Frank Roost

Abb. S. 106
Schriftzug *Liebe deine Stadt* (2007)
von Merlin Bauer
über der Nord-Süd-Fahrt

Stadtführung

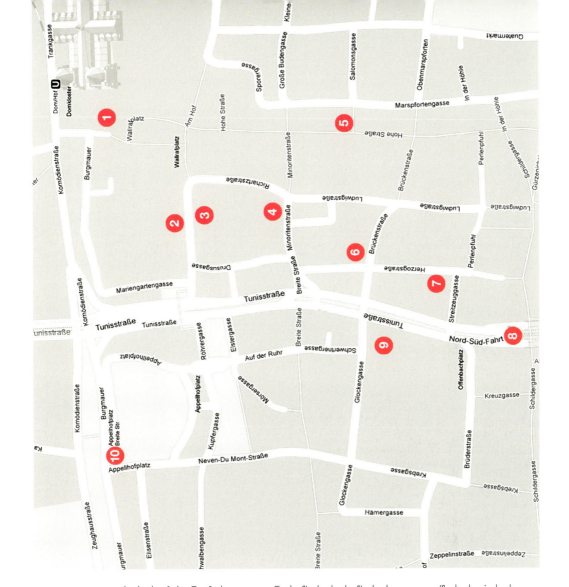

Parallel zu den Diskussionen vor Ort bietet *Der Urbane Kongress* für diejenigen, die den Führungen nicht folgen konnten oder mehr sehen wollten, eine Führung im Taschenformat an. Entlang eines Lageplans hilft dieser dem Besuchern, sich selbst einen Eindruck über den Zustand öffentlicher Kunst im Planquadrat zu machen. Auf dem in Schriftform kommentierten Rundgang lassen sich weiterhin Themen, Fragen und Diskussionen erschließen und dabei Kunstwerke jeglicher Art besuchen.

1. *Kreuzblume* und *Taubenbrunnen*

Typisch Köln. Die unterschiedlichsten Objekte treffen in oft prekärem Zustand als „zufällige" Versammlung aufeinander: der *Taubenbrunnen* (1953) von Ewald Mataré, die *Kreuzblume* mit Stiefmütterchenkranz (1980/91), Waschbetonwürfel als Poller und Straßenlaternen im Hängekugel-Design (1960er- und 70er-Jahre) mit dem aktuellen Müllimermodell *Colonia* und noch vieles mehr. Wie sieht eine Stadt aus, in der die innerstädtische Kommunikation funktioniert und Nachbarschaften bedacht und diskutiert werden? Standort: Kardinal-Höffner-Platz

2. *Relief von Karl Hartung*

Wo beginnt der öffentliche Raum – wo hört er auf? Das *Relief* von Karl Hartung aus dem Jahre 1961/62 an der Fassade des WDR wurde auch von diesem ausgewählt, bestimmt aber das Erscheinungsbild des öffentlichen Raums. Fassaden und Werbeträger, Schaufenster und andere Eingriffe bilden den oft privat ausgewählten Hintergrund öffentlichen Lebens.

Standort: An der Rechtschule, WDR-Fassade

3. MAKK

Vor dem heutigen Museum für Angewandte Kunst stehen die beiden bronzenen Stifterfiguren des Wallraf-Richartz-Museums (1900) von Wilhelm Albermann. Das Gebäude, vor dem sie ursprünglich standen, wurde im Zweiten Weltkrieg zerstört und 1957 durch einen Neubau ersetzt. Das Wallraf-Richartz-Museum befindet sich, nach Jahren im Museum Ludwig, mittlerweile in einem neuen Gebäude am Rathausplatz. Die verbliebenen Figuren sind aus dem Kontext geraten und nicht mehr zuzuordnen.
Standort: An der Rechtschule

4. *Johann Adam Schall von Bell*

Werner Stötzers Plastik (1992), zu Ehren des Missionars und Chinareisenden Johann Adam Schall von Bell, der in Peking zum Mandarin ernannt wurde, steht verloren im Umfeld der Minoritenkirche. Ohne schlüssige Hinweise auf einen Zusammenhang zum Ort der Aufstellung wird die Reisende zum Treibgut zwischen den Passanten. Kunst im öffentlichen Raum braucht Kontext: Was geschieht mit ihr, wenn dieser verloren geht oder sich seine Spur in der Zeit verliert? Schadet der Verlust der Sinnfälligkeit der Arbeit, oder entwickelt sie gar dadurch eine neue Autonomie, die die künstlerische Form jenseits der Auftragskunst stärker zur Geltung bringt?
Standort: Minoritenstraße, Umfeld der Minoritenkirche

5. *Piene-Fassade*

Statt eines Firmenlogos wurde die seinerzeit weltgrößte kinetische Plastik *Licht und Bewegung* (1966) von Otto Piene am damaligen Herrenmode-Kaufhaus Wormland installiert, einem Gebäude von Peter Neufert. Heute ist das Kunstwerk außer Betrieb, und die Konkurrenz der totalen Fassadenwertung in dieser Konsumgasse ist enorm.
Standort: Hohe Straße 124–128

6. Kolumba

Können, sollen oder müssen architektonisch-künstlerische und damit historisch-kulturelle Schichtungen einer Stadt wahrnehmbar sein? Oder wollen wir immer wieder eine radikale Aktualisierung der Stadt, die das Vorherige einfach eliminiert wird? St. Kolumba ist ein Kirchenbau, der seit seiner Entstehung im Jahr 980 vielfach verändert und im Zweiten Weltkrieg zerstört wurde. Auf den Ruinen baute der Architekt Gottfried Böhm eine Kapelle (1950/57), ausgestattet mit Arbeiten mehrerer Künstler. Architekt Peter Zumthor entwarf für die Sammlung der Diözese das heutige Kunstmuseum Kolumba (2007), das die Kapelle und den früheren Kirchenraum als archäologisches Terrain komplett einhaust. Standort: Kolumbastraße 4

7. *Pflanzkübel, Baumscheibe & Co.*

Privaten Anliegern und Geschäftsleuten wird die eintönige Möblierung der Städte oft zu fade. Mit illustren Techniken wie Baumscheibengärten und Arrangements von Pflanzkübeln und anderem Mobiliar versuchen sie, ihr Umfeld freundlicher zu gestalten, und nutzen öffentlichen Raum in privaten Sinne um. Die gut gemeinten Eingriffe mit manchmal ästhetisch fragwürdigem, manchmal heiter-humoristischem Ausgang zeigen das Interesse an der Stadt als Lebensraum, aber auch die problematische Privatisierung desselben.
Standort: Verschiedene Situationen am Wegesrand

8. *Liebe deine Stadt*

Beim Überblick über den Bestand von Kunst im öffentlichen Raum fällt auf, dass hier Auftragskunst im klassischen Sinne dominiert. Zwischen Hunderten von Denkmälern mit klarer Zweckbestimmung im Sinne der Erinnerungskultur finden sich nur wenige Arbeiten, die im Sinne der Kunst autonom und im eigenen Auftrag die Kommunikation mit ihrem städtischen Umfeld suchen. Merlin Bauers Projekt *Liebe deine Stadt* und sein prominenter Schriftzug eignen sich öffentlichen Raum an, um mit engagierten, künstlerischen Diskursen aktiv an der Gestaltung von Stadträumen teilzunehmen. Standort: Nord-Süd-Fahrt

9. Opernbrunnen

Der Offenbachplatz vor der Oper mit seinem Brunnen (1966) von Jürgen Hans Grümmer dokumentiert den Bürgerstolz und Zeitgeschmack jener Jahre. Wie wirksam war die Material-, Gestaltungs- und Bedeutungsopulenz damals, und wie empfinden wir heute einen solchen Brunnen auf einem solchen Platz? Muss sich auch Kunst im öffentlichen Raum einer Diskussion um ihre Aktualität und Sinnfälligkeit stellen? Standort: Offenbachplatz

10. »Deserteursdenkmal«

Woran wollen wir auf welche Weise erinnert werden? Wie kann ein Denkmal oder ein Mahnmal aussehen? Ist es das Endlager der Erinnerung im öffentlichen Raum? Schaffen wir damit dauerhafte Aufmerksamkeit, oder entledigen wir uns auf diese Weise eines zu erinnernden Themas? Von der Kunst werden Formfindungen erwartet, die eindrucksvoll, sprechend und für alle verständlich sind. Das Kölner *Denkmal für die Opfer der NS-Militärjustiz* (2009) wurde von Ruedi Baur entworfen.
Standort: Appellhofplatz / Ecke Burgmauer

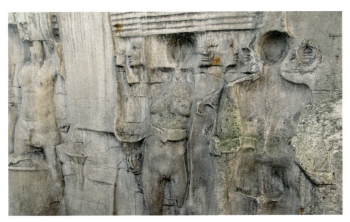

Abb. S. 110 / 111
Die Stadt als Freiluft-Ausstellung: auch in Köln eine Versammlung von Artefakten vergangener Epochen, Mahn- und Denkmälern, künstlerischen Objekt- und Fassadengestaltungen, historischen und zeitgenössischen Kunstwerken

Abb. S. 113
Der urbane Kongress auf der Art Cologne 2012, Aufbau

Der urbane Kongress auf der Art Cologne

Die Debatte um Kunst im öffentlichen Raum droht mehr und mehr den Kontakt zur traditionellen Kunstszene und ihren entsprechenden Institutionen zu verlieren. Während diese sich rasant verändern und entwickeln, scheint Kunst im öffentlichen Raum vom allgemeinen Kunstbetrieb und seinen Märkten weiterhin als Randphänomen betrachtet zu werden. Dass *Der urbane Kongress* im Rahmen der großen und mittlerweile wieder bedeutenden Kunstmesse Art Cologne Präsenz zeigen konnte, war deshalb eine wichtige Rückanbindung an die Szene. Im zentralen Messebereich wurde eine rund 100 Quadratmeter große Fläche bespielt, die sowohl als Verbindungszone zwischen zwei Ausstellungssegmenten wie auch als Aufenthaltsangebot für die Besucher diente. Konsequent als urbane Sequenz gestaltet, zeigte die Installation auf mehreren Podesten »Klassiker« des öffentlichen Straßenraums. Ob die somit musealisierten städtischen Artefakte – von der Parkbank *Colonia* bis zum verwahrlosten Pflanzkübel, vom einfachen Abfalleimer bis zum Waschbetonpoller – entlang der Galerienkojen als Ausstellungsstücke respektiert oder genauso wie im Stadtraum genutzt wurden, blieb jedem Besucher selbst überlassen.

Abb. S. 114–119
Installation mit Artefakten des Kölner Stadtraums auf der Art Cologne 2012: Bronzeplastik *Sappho* von Antoine Bourdelle, Parkbank *Colonia*, Pflanzkübel, Parkpoller u. a.

Herzstück der Präsentation war die 650 Kilogramm schwere Bronzeplastik *Sappho* (1887/1925) von Antoine Bourdelle, die eigens hierfür vom Offenbachplatz vor dem Schauspielhaus in die Messe gebracht worden war. Signifikant war dieser Ortswechsel nicht nur wegen der Taktik, lediglich durch Verschiebung und Versetzung dem zu bearbeitenden Planquadrat eine neue Struktur zu verleihen, sondern auch in Bezug auf die Zukunft gerade dieses Kunstobjekts: Aufgrund der seinerzeit noch anstehenden Sanierungs- und Umbauarbeiten am Gebäudeensemble von Oper und Schauspiel sollte es bald für mehrere Jahre in einem Depot verschwinden. Kurz vor ihrer Entfernung aus dem öffentlichen Raum und der Diskussion über ihren späteren Aufstellungsort symbolisierte diese Plastik nun, ganz im Sinne des Projekts temporär und an prominenter Stelle, wie auch solche Arbeiten auf unterschiedlichsten Wegen aktualisiert und ins allgemeine Bewusstsein zurückgebracht werden können.

DER URBANE KONGRESS AUF DER ART COLOGNE

Zum Vorschlag
Handlungsempfehlungen und Umsetzungsvorschläge

Ein neuer Strukturplan für das Planquadrat
Ein Ziel, das sich *Der urbane Kongress* gesetzt hatte, war die Neuordnung der im Planquadrat befindlichen Arbeiten, vor allem aber die Schaffung der dafür notwendigen konzeptionellen Grundlagen. Angesichts des Zeitraums und der finanziellen Mittel, die zur Verfügung standen, konnte dieser Punkt nur anhand einer Reihe wichtiger Beispiele und ohne die entsprechenden Realisierungen entwickelt werden. Der folgende Strukturplan erfasst daher nicht alle im Planquadrat vorhandenen Werke, sondern lediglich eine Auswahl von exemplarischen Arbeiten, bei denen sämtliche im vorausgegangenen Projektprozess ermittelten Problemlagen ablesbar sind.

Situation *Kreuzblume* und *Taubenbrunnen*
Kardinal-Höffner-Platz
Abb. S. 142
Empfehlung: Versetzung der *Kreuzblume*, Befreiung des Platzes von überflüssiger Stadtmöblierung, Pflege des *Taubenbrunnens*.
Die *Kreuzblume* ist ein typisches Beispiel für die ungeplante Verstetigung temporärer Arbeiten und anderer Objekte im öffentlichen Raum – ein grundsätzliches und häufiges Problem. Trotzdem sollte hier das über die Jahre entstandene bürgerschaftliche und touristische Interesse an diesem Objekt berücksichtigt werden. Daher wird vorgeschlagen, die *Kreuzblume* an einen anderen Ort im Umfeld des Doms zu versetzen, wo sie ihre Funktion als Treffpunkt und fotografischer Hintergrund für Touristen weiter erfüllen kann, den Platz um den *Taubenbrunnen* aber wieder freigibt. Typologisch sinnvoll verortet wäre sie beispielsweise im Umfeld der archivartigen Freiluftausstellung der Dombauhütte vor dem Domchor, wo Baufragmente des Doms ausgestellt sind. Andere geeignete Orte sind gemeinsam mit dem Stadtplanungsamt zu ermitteln. Darüber hinaus sollte der Kardinal-Höffner-Platz in die Neugestaltung der Domumgebung miteinbezogen werden. Besonders wichtig ist die Reduzierung der Stadtmöblierung sowie die Entfernung der zahlreichen Parkpoller. Auch das Beleuchtungskonzept ist zu überdenken. Ziel sollte ein »entrümpelter« Platz sein, der den zurückhaltenden Brunnen wieder zur Geltung kommen lässt.
Der *Taubenbrunnen* von Ewald Mataré ist zu pflegen und als Brunnen in Betrieb zu halten. Es sollte über sinnvolle Maßnahmen nachgedacht werden, die das Anschließen von Fahrrädern an den Brunnen unterbinden, ohne dafür bauliche Veränderungen vorzunehmen oder Schilder aufzustellen.

Relief von Karl Hartung
WDR-Fassade, An der Rechtschule
Abb. S. 121 Mitte
Empfehlung: Erhalten.
Die Arbeit ist in einem guten, restaurierten Zustand und repräsentiert die privat eingesetzten, aber den öffentlichen Raum mitbestimmenden Arbeiten. Sie ist ein historisch interessantes Element, belebt den Straßenraum auf elegante Weise, vermittelt Wertigkeit und wird offensichtlich gut betreut.

Stifterfiguren *Wallraf* und *Richartz*
von Wilhelm Albermann
MAKK, An der Rechtschule, *Abb. S. 121 unten*
Empfehlung: Versetzung zum aktuellen Standort des Wallraf-Richartz-Museums.
Die Figuren haben nach dem Einzug des Museums für Angewandte Kunst in das Gebäude an diesem Platz ihren Sinn verloren. Obwohl sie hier nun an die frühere Nutzung des Gebäudes erinnern, erscheint eine Versetzung an den aktuellen Standort des heutigen Wallraf-Richartz-Museums plausibler. Da man dort eine neue Aufstellungssituation schaffen muss, werden die zwei bestehenden So-

ckel nicht mitumziehen. Sie sollten an dieser Stelle erhalten bleiben, um als historische Spuren, aber auch als mögliche »Spielflächen« für temporäre Kunstinterventionen zu dienen (vergleichbar dem *Fourth Plinth Project* auf dem Trafalgar Square in London).

Skulptur *Johann Adam Schall von Bell* von Werner Stötzer

Minoritenstraße, *Abb. S. 22*

Empfehlung: Versetzung an neuen Standort.

Die Erinnerungs- und Repräsentationsskulptur erscheint an diesem Aufstellungsort räumlich und inhaltlich unverständlich, da weder anliegende Orte noch die Kirche selbst für die Aktivitäten des Dargestellten einen nachvollziehbaren Bezug bieten. Vorgeschlagen wird eine Versetzung der Arbeit in einen geeigneteren Sinnzusammenhang (zum Beispiel in das Umfeld des Museums für Ostasiatische Kunst oder etwa, wie aus der Bevölkerung angeregt, an die einstige Schule des Dargestellten, um dort eine entsprechende Identifikation zu ermöglichen). Der vorgeschlagene Standortwechsel ist grundsätzlich mit der Stifterin dieser Arbeit, der Deutschen China-Gesellschaft, abzustimmen.

Licht und Bewegung von Otto Piene

Fassade Wormland-Gebäude, Hohe Straße 124–128
Abb. S. 121 oben

Empfehlung: Restaurierung und Wiederinbetriebnahme.

Die statt eines Firmenlogos installierte und seinerzeit größte kinetische Plastik ist seit vielen Jahren außer Betrieb. Sie ist aber ein herausragendes Beispiel dafür, wie Kunst und Architektur der Nachkriegsmoderne symbiotisch miteinander verschränkt wurden und darüber hinaus in ungewöhnliche Konkurrenz zu der kommerziellen Zeichenproduktion im Bereich einer der größten Einkaufsstraßen Kölns treten. Die Arbeit sollte

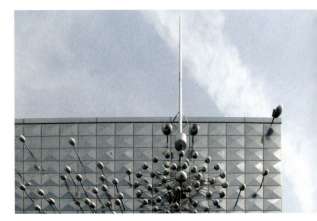

Abb. S. 121
v. o. n. u.: *Licht und Bewegung*
von Otto Piene, Teil des *Reliefs*
von Karl Hartung, Stifter-
Denkmäler *Wallraf* und *Richartz* von
Wilhelm Albermann

Abb. S. 123
v. l. n. r.: L.-Fritz-Gruber-Platz von
Scape Landschaftsarchitekten,
Kolpingplatz mit *Figur*
von Michael Croissant,
Offenbachplatz mit *Opernbrunnen*
von Jürgen Hans Grümmer

restauriert und wieder in Betrieb genommen werden, um ihren eigentlichen Charakter wiederherzustellen.

Zu diesem Zweck werden mit der Eigentümerin, der Wormland-Stiftung, Gespräche geführt und ist der Denkmalschutz hinzugezogen worden.

Offenbachplatz und *Opernbrunnen*
von Jürgen Hans Grümmer
Abb. S. 28

Empfehlung: Diskutieren und als »öffentliche Bühne der Stadt« etablieren.

Der Brunnen auf dem Offenbachplatz wird in seiner sehr zeitgebundenen Ausrichtung als problematisch gesehen. Auch wenn er als Teil der Platzgestaltung und im Zusammenhang mit dem Gebäudeensemble entstanden ist, muss sein Bestand diskutierbar sein. Neben der künstlerischen Ausdrucksform, die bereits in ihrer Entstehungszeit im Jahr 1966, vor allem aber auch aus aktueller Perspektive anachronistisch erscheint, muss natürlich die Brunnenfunktion als architektonisches Gestaltungselement betrachtet werden. Das Wasserspiel bringt als Treffpunkt und Aufenthaltsangebot eine positive Atmosphäre in den Stadtraum. Insofern ist der Erhalt des Brunnens samt der originalen Platzgestaltung als Einheit, wie es die Planung der Sanierungsmaßnahmen auch vorgesehen hat, nachvollziehbar und im Sinne eines Zeitzeugnisses akzeptabel. Die Empfehlung geht allerdings dahin, solche Entscheidungen breit zu diskutieren und keine Automatismen, weder in die eine – vollständiger Erhalt – noch in die andere Richtung – Abräumen nach jeweiligem Zeitgeschmack – walten zu lassen.

Auf dem Offenbachplatz sollte zugunsten einer temporären Bespielbarkeit weitgehend auf feste Möblierung verzichtet werden. Gerade der Vorplatz von Schauspielhaus und Oper wäre als »öffentliche Bühne der Stadt« besonders geeignet für Konzerte, Inszenierungen, Aktionen und zeitlich befristete Installationen.

Denkmal für die Opfer der NS-Militärjustiz
von Ruedi Baur
Appellhofplatz / Ecke Burgmauer
Abb. S. 73 unten

Empfehlung: Standort diskutieren.

Die Platzierung der Arbeit von Ruedi Baur aus dem Jahr 2009, die im Zusammenhang mit dem etwa 100 Meter entfernten NS-Dokumentationszentrum als Ergebnis eines Wettbewerbs entstanden ist, wirkt durch ihre willkürlich erscheinende Entfernung zum Gebäude, aber auch durch ihre pergolaartige Gestaltung seltsam abgestellt: Die Lage an dem Abgang zu einer U-Bahn-Station auf der Ecke zweier Straßen setzt sie auf einer Verkehrsinsel aus, was der Intention eines gedenkenden Innehaltens nicht wirklich gerecht wird. Auch die Überkopf-Lektüre des in Aluminiumlettern gefassten Texts wird dadurch erschwert. Es wäre zu überlegen, ob ein direkterer Bezug zum Gebäude oder ein schlüssigerer Ort, in jedem Fall aber ein würdigerer Umraum seine wichtige Botschaft besser zur Wirkung bringen könnte.

  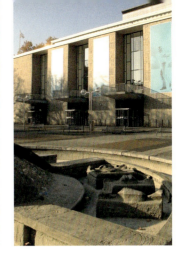

Sappho **von Antoine Bourdelle**
Depot (ursprünglich vor dem Schauspielhaus)
Abb. S. 55
Empfehlung: Wiederaufstellung.
Die Bronzeplastik *Sappho*, die *Der urbane Kongress* als zentrales Exponat seiner Installation auf der Art Cologne zeigte und die sich übergangsweise in einem Depot befindet, passt inhaltlich und historisch weiterhin zum Ensemble. Der genaue Aufstellungsort sollte allerdings aufgrund der teilweise veränderten Platzgestaltung und Gebäudefunktionen neu bestimmt werden.

Figur **von Michael Croissant, Kolpingplatz**
Abb. S. 123 Mitte
Empfehlung: Umzug ins *Archiv für ungenutzte Kunst*.
Die Arbeit des renommierten Künstlers Michael Croissant wirkt an ihrem Platz verloren und in ihrem Kontext nicht verständlich. Eine Ausstellung der Plastik im *Archiv für ungenutzte Kunst* erscheint daher sinnvoll und eröffnet die Chance, sie neu zu bewerten. Das würde auch die Möglichkeit bieten, für sie – in Beratung und Abstimmung mit dem Museum Ludwig – einen anderen, besser geeigneten Aufstellungsort zu ermitteln.

Kolumba
Kolumbastraße, Abb. S. 97
Empfehlung: Als Referenz bei neuen Baumaßnahmen im Umfeld beachten.
Kolumba repräsentiert in herausragender Weise den nicht immer einfachen Diskurs der Dekaden und Jahrhunderte in verräumlichter Form und ist bei der weiteren Gestaltung seines Umfelds als maßgeblich zu beachten. Das beispielhafte Verhältnis des Bauwerks zum Stadtraum und die besondere Rolle, die die Kunst dabei spielt, sollte auch in Zukunft als Anspruchs- und Debattenkatalysator genutzt werden.

Neugestaltung des L.-Fritz-Gruber-Platzes
Abb. S. 123 links
Empfehlung: Gestaltungen im ämterübergreifenden Diskurs entwickeln, Unterscheidung zwischen Kunstattitüde aus Originalitätsgründen und Kunst.
Die Neugestaltung des Platzes durch das Düsseldorfer Büro Scape Landschaftsarchitekten war bereits beim Start des *StadtLabors* beschlossen. Die Umwandlung von Parkplätzen in einen ambitioniert gestalteten Platz mit Aufenthaltsqualität hier im Kernbereich der Stadt und in direkter Nachbarschaft zu Kolumba ist absolut richtig. Es wurde allerdings in den Diskussionen vor Ort klar, dass die Gestaltung und die entsprechenden Entscheidungsfindungsprozesse nicht konsequent über die Grenzen der einzelnen Ämter und Fachbereiche hinweg verhandelt wurden. Hier ist zu empfehlen, die angestammten Hoheitsgebiete der einzelnen Administrationen von Stadtplanung, Kultur und anderen städtischen Akteuren großzügig auszuweiten und nicht auf dem eigenen Einflussbereich zu bestehen, um einen möglichst produktiven interdisziplinären Diskurs zu bewirken. In diesen sollten auch die Bürger einbezogen werden, um sie an der Gestaltung ihrer Stadt und

Kinetische Skulptur *Licht und Bewegung* (1966) von Otto Piene am ehemaligen Wormland-Gebäude

an den notwendigen Veränderungsprozessen besser zu beteiligen.

Grundsätzlich ist zur Platzgestaltung kritisch anzumerken, dass ihr künstlerisch-illustrativer Impetus (ohne dabei Kunstwerk zu sein) kein geeignetes Modell für stringente Stadtraumgestaltung ist. Auf diese Weise entsteht eine Raum- und Platzhierarchie, die auch an anderen »wichtigen« Stellen zu besonderem Aufwand und Originalitätszwang führen kann, während »unwichtige« Stellen der Stadt womöglich zu schlecht behandelten Resträumen degradiert werden.

Tempel von Ulrich Rückriem
Rückseite Kolumba, Kolumbastraße
Abb. S. 111 oben rechts
Empfehlung: Überdenken oder Umzug ins *Archiv für ungenutzte Kunst*.

Die Arbeit von Ulrich Rückriem wirkt an diesem Ort eher unmotiviert, obwohl sie in Duktus und Formensprache Analogien und Korrespondenzen zum Gebäude von Kolumba aufweist. Eine Neuplatzierung ist insofern nicht zwingend notwendig, könnte aber erwogen werden, wenn man der Arbeit zu einer besseren Wirkung verhelfen möchte. Eine Neubewertung der Arbeit im *Archiv für ungenutzte Kunst* erscheint daher ebenfalls sinnvoll, da sie dann in den Prozess der Neubetrachtung einbezogen würde und bessere Aufstellungsorte ermittelt und öffentlich diskutiert werden könnten. Hier in der engen Situation des kleinen Platzes mit unpassender Eibenbepflanzung bleibt sie jedenfalls hinter ihren Möglichkeiten zurück.

Liebe deine Stadt von Merlin Bauer
Nord-Süd-Fahrt, *Abb. S. 106*
Empfehlung: Im Gespräch halten und »Funktionstüchtigkeit« prüfen.

Die Arbeit ist ein auffälliges Zeichen von künstlerischem Engagement und autonomer Handlungskultur, die die stadtkulturelle Debatte bereichert hat. Sie ist das symbolische »Werbe«-Objekt für eine Aktionsreihe des Künstlers Merlin Bauer, mit der er vor einigen Jahren markante Bauten der 1950er- und 1960er-Jahre würdigen und damit ins öffentliche Bewusstsein zurückholen wollte. Solange der Schriftzug als Erinnerungszeichen an diese Aktivitäten den städtischen Diskurs belebt, erscheint er an seinem Ort, dem Dach eines Gebäudes über der Nord-Süd-Fahrt, sinnvoll.

Allerdings ist die Haltbarkeitsdauer einer solchen Präsentation zu beachten. Der künstlerischen »Kampagne« und ihrer Glaubwürdigkeit würde es schaden, wenn sich diese wie andere Arbeiten über den Zeitpunkt ihrer konkreten Wirksamkeit hinaus im öffentlichen Raum verewigt und damit selbst musealisiert – wodurch das eigene Anliegen konterkariert würde. Es wird daher empfohlen, in diesem Sinne die »Funktionstüchtigkeit« der Arbeit in bestimmten Zeitabständen zu prüfen.

Stadtmöblierung
Empfehlung: Verantwortung und Teilhabe der Bürger etablieren statt zu möblieren, Ermittlung und Reduktion von überflüssiger Stadtmöblierung.

Stadtmöblierung wird oft eingesetzt, um auf die Unaufmerksamkeit oder auch Unverantwortlichkeit von Bewohnern und Besuchern einer Stadt zu reagieren. Statt den Stadtraum weiter mit Parkbarrieren, Pflanzkübeln und Schilderwäldern aufzurüsten, muss an der Wahrnehmung der Stadt als Allgemeingut gearbeitet werden. Denn diese Maßnahmen sind nicht nur kostspielig und verunstalten unsere Stadträume, sie bedrängen auch vorhandene künstlerische Arbeiten oder verhindern deren Neuzugang. Hier sind Gesamtkonzepte und deren konsequente Umsetzung dringend erforderlich, um wirklich sämtliche Einbringungen in den öffentlichen Raum auf ihre Verträglichkeit hin zu prüfen und zu koordinieren. Dabei spielt die Teilhabe möglichst vieler Akteure und vor allem der Bürger eine Schlüsselrolle.

Ein Resümee
Schlussfolgerungen, Ziele und weiteres Handeln

Die Bürgerschaft und ihre Beauftragten in Politik, Verwaltung und Institutionen müssen sich über die gewünschte inhaltliche wie gestalterische Funktion von Kunst im öffentlichen Raum klar werden. Es ist daher notwendig, trag- und zukunftsfähige Kriterien sowie Verfahren zu entwickeln und diese konsequent umzusetzen. Das bedeutet auch, kompetent besetzte und entscheidungsbefugte Gremien einzusetzen, die dieser Aufgabenstellung entsprechend finanziell ausgestattet werden müssen. Ein besonderes Augenmerk gilt dabei auch einer deutlichen Unterscheidung zwischen temporärer und dauerhafter Kunst – unter besonderer Berücksichtigung der stadträumlichen und architektonischen Veränderungen, da sie zwangsläufig auf dauerhaft installierte Werke große Auswirkungen haben (Stichwort: Urheberrecht). Bei temporären Arbeiten darf die Bedeutung einer informativen wie diskursiven Begleitung nicht unterschätzt werden. Denn zum einen sind gerade hier solche Vermittlungsleistungen als »Volksbildungs«-Investitionen zu betrachten, die einer bewussten, kompetent-kritischen Wahrnehmung wie auch einer angemessenen Wertschätzung von Kunst im öffentlichen Raum nur zuträglich sein können. Zum anderen wird dadurch verhindert, dass die beliebige, sowohl dem »Zufall« als auch dem gerade in Köln recht ausgeprägten Phlegma geschuldete Ansammlung von Objekten und Aktionsüberbleibseln im Stadtraum fortschreitet.

Hierbei ist es unumgänglich, geistige Werte- genauso wie materielle Wert-Diskussionen zu führen, die einen konsensfähigen Ausgleich herstellen zwischen einer transparenten und konsequenten Entscheidungskultur einerseits und einer angemessenen urbanen, lebendigen Ermöglichungskultur andererseits.

All das basiert auf einem gemeinsam mit Bürgerinnen und Bürgern zu entwickelnden Prozess, der Interesse und Inspiration erzeugt, Wissen und Kompetenz schafft oder aktiviert und dadurch Experimente und Veränderungen anstößt.

Als übergeordnete Ziele sind dabei zu benennen:
- die Schaffung von Bewusstsein für den Wert des öffentlichen Raums und die Werte im öffentlichen Raum
- die an einer Stelle zusammengeführte und öffentlich zugängliche Dokumentation über Status quo, Planungen und Projekte
- die Institutionalisierung einer Wissenstransfer- und Debatten-Kultur auf stadtgesellschaftlicher Ebene
- die obligatorische und entscheidungswirksame Beteiligung (Stichwort: Vetorecht) von angemessen ausgestatteter Fachkompetenz
- die Klärung und Vereinfachung der Zuständigkeiten bei Verwaltung und Politik
- die Versachlichung, Transparenz und Steigerung der Effektivität bei Entscheidungsfindungen
- die konsequente Umsetzung der unter diesen Bedingungen getroffenen Entscheidungen

Die konkreten Handlungsempfehlungen sind:

1. Durch die Stadt und ihre Institutionen sollte aktuelle Kunst und deren kritisches Potenzial gefördert und der Anteil von autonomen künstlerischen Arbeiten gegenüber Auftragsarbeiten erhöht werden. Dabei können Spielräume finanzieller, aber auch ganz anderer Art bis hin zu Deregulierungen genutzt werden, um eine »Ermöglichungskultur« zu etablieren, die Künstler wie auch freie Projekte und unabhängige Initiativen bei der Entwicklung von unkonventionellen Formen und Strategien unterstützt.

2. Im Rahmen jeder öffentlichen Baumaßnahme sollten die Möglichkeiten von Kunst-am-Bau-Projekten ausgeschöpft und dahingehende Selbstverpflichtungen (wieder) in Kraft gesetzt werden.

Da die Mittel für Kunst am Bau oft die einzigen sind, die für Kunst im öffentlichen Raum zur Verfügung stehen, bedürfen die Verwendungsregularien dringend einer Überarbeitung. Durch eine Flexibilisierung muss auf die geänderten Formen künstlerischer Arbeit reagiert werden: Temporäre Interventionen, performative Arbeiten, kooperative und partizipative Strategien und vieles andere mehr sind dabei zu berücksichtigen. Darüber hinaus sollte eine Verlagerung von objektbezogenen Kunst-am-Bau-Geldern auch an andere Orte, denen eine künstlerische Intervention dringender gut täte, möglich sein. Die jeweiligen Entscheidungen müssen von unabhängigen, fachkompetenten Gremien transparent und nachvollziehbar getroffen werden (zum Beispiel einer Kunstkommission mit Künstlerbeteiligung).

3. Kunst im öffentlichen Raum muss Teil eines permanenten Diskurses sein, bei dem die Stadtgesellschaft ihr Bewusstsein für diese Kunst wie für den gesamten öffentlichen Raum schärft. Statt administrativer Überregulierung soll bürgerschaftliche Selbstverantwortung etabliert werden, die Teilhabe an der Stadt und soziale Kompetenz erzeugt. Um das zu befördern, sind von Bürgergruppen regelmäßig organisierte Stadtrundgänge und Neubetrachtungen künstlerischer Arbeiten gemeinsam mit Fachleuten sinnvoll. Solche Gruppen können sich sachkundig an Diskussionsprozessen zu Kunst im öffentlichen Raum beteiligen und in zukünftige Aktionen und Maßnahmen des *StadtLabors* eingebunden werden.

4. Bei künstlerischen Vertretungen und Verbänden, aber auch in der freien Szene sollte eine Diskussion über die Sinnhaftigkeit von urheberrechtlichen Bestimmungen bei Kunst im öffentlichen Raum geführt werden. Ziel ist dabei nicht die Aushöhlung dieser Rechte, sondern die Schaffung eines Bewusstseins für ihre sinnvolle Anwendung, die einer Musealisierung des öffentlichen Raums und seiner Übermöblierung mit fragwürdig gewordenen Setzungen entgegenwirkt. Rechteinhaber sollten sich verantwortlich an der Gestaltung dieser Räume beteiligen und dazu beitragen, dass diese verhandelbar und für notwendige Veränderungen offen bleiben.

5. Statt immer mehr Artefakte unreflektiert als historisches Mobiliar in der Stadt anzuhäufen, sollte ein »Zukunftskongress urbane Kunst« jeder Generation die Möglichkeit geben, diese im Diskurs mit Fachleuten neu zu bewerten und über ihre jeweils aktuelle Bedeutung und Präsenz zu befinden. Entsprechende Neusortierungen könnten dann vorgenommen werden und die nachbarschaftlichen Debatten über Kunst im öffentlichen Raum lebendig halten.

6. Archivieren statt abräumen: Temporär aussortierte Arbeiten sollten nicht beseitigt, sondern eingelagert werden und dabei öffentlich zugänglich sein, um späteren Generationen für einen neuen stadtgesellschaftlichen Diskurs als historisches Vokabular zur Verfügung zu stehen. Ein solches Archivieren repräsentiert den verantwortungsvollen und differenzierten Umgang mit Kultur und Geschichte.

7. Häufige Ursache für komplizierte, undurchschaubare Gemengelagen im öffentlichen Raum sind unklare oder mehrfache Zuständigkeiten in der Verwaltung sowie die mangelnde Kommunikation zwischen einzelnen Verwaltungsbereichen. Obwohl, wie gerade im *StadtLabor* praktiziert, die dezernats- und ämterübergreifende Arbeit mehr und mehr Aufmerksamkeit erfährt, beharren doch weiterhin viele Beteiligte auf ihren Hoheitsgebieten zulasten von sinnvollen Kooperationen. Die

Durchlässigkeit und Zusammenarbeit innerhalb der Administration sollte daher unbedingt verstärkt werden, unter Einbeziehung von unabhängiger Fachkompetenz und Akteuren aus der Bürgerschaft.

8. Zwischen inhaltlichen und strukturellen Entscheidungen sollte differenziert werden, das heißt auch, die jeweilige Fachkompetenz, künstlerische oder kunstwissenschaftliche einerseits und verwaltungstechnische andererseits, sollte respektiert werden. Das kann und soll natürlich eine gegenseitige Beratung sowie gemeinsam geführte Diskussionen mit einschließen. Zu verhindern sind jedoch Einflussnahmen der Administration auf inhaltliche Entscheidungen bei Kunst im öffentlichen Raum – die dadurch zwangsläufig zu problematischen Fällen werden.

9. Das Kölner *StadtLabor für Kunst im öffentlichen Raum* hat in seiner interdisziplinären Arbeit mit und zwischen verschiedenen Verwaltungsbereichen einen neuen Diskurs zwischen Kunst und Planung initiiert. Dieser sollte verfestigt und, je nach Erfordernissen, auch ausgeweitet werden. Gleichzeitig sollten die vom Projekt *Der urbane Kongress* eingeführten künstlerischen und kommunikativen Formen weitergeführt und ausgebaut werden. Dazu gehören insbesondere:

- die Verstetigung regelmäßiger informativer wie kritischer Stadtrundgänge für und mit allen Interessierten
- die Einrichtung des *Archivs für ungenutzte Kunst* als dauerhaftes Instrument an einem dafür geeigneten repräsentativen, öffentlichen Ort
- die Schaffung eines Orts, an dem die Arbeit des *StadtLabors* vermittelt wird, wo Meinungsbildung und -äußerung der Bürgerschaft stattfindet und der als offener Raum für unabhängige Projekte genutzt werden kann
- die weitere Beauftragung von unabhängig arbeitenden *StadtLabor*-Teams, um möglichst heterogene Erkenntnisse zu Kunst und Stadt zu gewinnen (bei der Auswahl der Teams sollte allerdings berücksichtigt werden, dass es nicht um die Verwirklichung eigener künstlerischer Ideen geht, sondern um die offene Thematisierung und Weiterentwicklung von Kunst im öffentlichen Raum im Kontext Stadt)
- die Einrichtung einer festen *StadtLabor*-Stelle, um die notwendige Unterstützung der beauftragten Teams, aber auch um eine kontinuierliche professionelle Betreuung des gesamten Projekts nach innen wie nach außen zu gewährleisten
- die Schaffung einer eigenen Kommission für Kunst im öffentlichen Raum: eine ständige Einrichtung mit fachkompetenter Besetzung (einschließlich Künstler und Aktivisten der freien Projektszene) und angemessener finanzieller wie personeller Ausstattung zur Bewältigung der umfangreichen Arbeit, die ein ehrenamtlich besetzter Kunstbeirat als beratendes Gremium der städtischen Politik- und Verwaltungsstruktur nicht leisten kann. Diese Kommission sollte bei allen Entscheidungen zu Kunst im öffentlichen Raum federführend sein, aber auch bei stadtplanerischen und stadtsanierenden Maßnahmen als beratendes Expertengremium herangezogen werden (vergleichbar *Quivid* in München).

CHRISTEL WESTER
Unterversorgte Pflegefälle
Vom Umgang der Städte mit ihrer Kunst

Highlight heißt eine Skulptur in der Kölner Innenstadt, die man mit Fug und Recht als Highlight unter den ortsspezifischen Arbeiten im urbanen Raum bezeichnen kann. Doch hier soll sie vor allem als prägnantes Beispiel dienen für das Schicksal, das so einer Arbeit widerfahren kann. Das Künstlerduo Maik und Dirk Löbbert schuf *Highlight* im Jahr 2000 auf Einladung des internationalen Architekturfestivals *plan*, das in seiner damaligen Ausgabe mehrere Kunstprojekte zum Thema Licht realisierte. Maik und Dirk Löbbert lieferten dazu einen Beitrag von subtiler Ironie: Sie stellten einer Straßenlaterne auf der Zoobrücke, mit einem Leuchtkörper im typischen Wabendesign der 1970er-Jahre, eine Zwillingslampe an die Seite. Dieser »Zwilling« ist jedoch nicht auf der Zoobrücke platziert, sondern sein Mast reckt sich von einem schmalen Streifen zwischen einem Parkplatz unter der Brücke und dem benachbarten Skulpturenpark in die Höhe, um mit seiner Leuchte schließlich das gleiche Niveau zu erreichen wie die Laterne auf der Brücke.
Man muss also schon genau hinschauen, wenn man das Kunstwerk als solches erkennen will. Beinahe erregt sie Mitleid, die Zwillingsleuchte mit ihrer »verunglückten«, weil überdehnten Längenproportion, stünde sie nicht so keck da, eng angeschmiegt an den Zaun des Skulpturenparks, als begehrte sie Einlass. Auf charmant beiläufige Weise ist sie ein Kommentar zum Thema Kunst im öffentlichen Raum im Besonderen und zur Stadtmöblierung im Allgemeinen. Damals hatte Köln einen neuen Skulpturenpark von einem Stifterehepaar erhalten, der bis heute existiert: Auf städtischem Grundstück wurden Skulpturen aus der Sammlung des Ehepaars in Sichtweite seines Wohnhauses aufgestellt. Viele nahmen dies damals als Inszenierung einer großbürgerlichen Spendergeste wahr, die jedoch nur zu einem kleinen Skulpturengärtchen kleinbürgerlichen Zuschnitts führte. Allerdings wird der umzäunte Privatbesitz in städtischem Auftrag gewartet und bewacht. Ein Service, der – wie sich an *Highlight* zeigt – für urbane Kunst auf öffentlichen Flächen nur unzureichend zur Verfügung steht.
Highlight war ursprünglich – wie eigentlich alle Kunstinterventionen im Rahmen von *plan* – als temporäre Arbeit gedacht, wurde dann aber für erhaltenswert erachtet und von der Stadt Köln als Schenkung angenommen. Ende 2013 allerdings wurden alle Lampenköpfe auf der Zoobrücke ausgewechselt. Nur das Löbbert'sche *Highlight* blieb unverändert und war nun seiner Zwillingsgestalt und damit auch seiner Aussage beraubt. Maik und Dirk Löbbert intervenierten und erreichten, dass auch der Lampenkopf von *Highlight* angepasst wurde. Eine vorbildliche Aktion, die allerdings einen nicht unerheblichen Schönheitsfehler aufweist: Nicht die Eigentümerin der Arbeit, also die Stadt Köln, sondern die Künstler selbst ergriffen die Initiative zur notwendigen Instandsetzung. Das gelang ihnen nur deshalb, weil sie in Köln leben und darum die gestalterische Veränderung bemerken konnten. Und

weil sie bereit waren, sich durch den bürokratischen Dschungel städtischer Zuständigkeiten zu kämpfen. Doch gerade wegen dieses Schönheitsfehlers ist die rettende Aktualisierung von *Highlight* ein treffendes Fallbeispiel für die allgemeine Problematik von Kunst im öffentlichen Raum.
Städte verändern ihr Erscheinungsbild, und Kunstwerke, die für ortsspezifische Situationen entwickelt worden sind, verlieren so ihre Aussagekraft oder werden richtiggehend zerstört. Häufig aber merkt das niemand, weil nur wenige Kommunen die Kunstwerke in ihrem Stadtraum regelmäßig warten. Doch gerade diese brauchen Pflege, sind sie doch anders als ihre »Artverwandten« in den wohlklimatisierten Museen einer hohen Beanspruchung durch ihre Umwelt ausgesetzt: Neben Wind, Wetter, Straßenverkehr und Vandalismus sind das Veränderungen, die sich ständig im Stadtraum ergeben, von neuen Bauwerken über veränderte Verkehrsführungen bis hin zu Straßenschildern, Bänken, Mülleimern oder Werbung. In vielen Kommunen jedoch sind die Zuständigkeiten nicht geklärt, oder es fehlt fachlich versiertes Personal: Im Grünflächenamt oder im Baudezernat arbeiten keine Kunsthistoriker, in der Kulturbehörde ist oft nur eine einzige Person verantwortlich für Literatur, Medien und bildende Kunst, worunter dann auch die Obhut über die Kunst im öffentlichen Raum fällt. Vielfach existiert überhaupt kein Budget für die Instandhaltung der Werke. Und oftmals sind diese nicht einmal vollständig dokumentiert. Dieser Missstand fällt seit geraumer Zeit jedoch auf: Es gibt erste Anzeichen dafür, dass die Kommunen die Problematik erkennen und beginnen, sich ihr zu stellen. Dabei kommt der Anstoß oftmals von außen.

Beispiel Hannover
Im Herbst 2006 beauftragte die Stadt Hannover eine dreiköpfige unabhängige Expertenkommission mit einer umfassenden, kritischen Bestandsaufnahme der Kunstwerke in der Innenstadt. Vorangegangen war diesem Auftrag ein provokativer künstlerischer Ideenwettbewerb unter dem Motto »Entsorgungspark für funktionslose Kunst im öffentlichen Raum«, den der Kunstverein Hildesheim in Kooperation mit der Hochschule der Bildenden Künste in Braunschweig im Jahr 2005 veranstaltete. Als die *Hannoversche Allgemeine Zeitung* die Idee aufgriff und ihrerseits eine Serie unter dem Titel »Was kann weg?« brachte, sorgte das für ungemeinen Wirbel.
So entfachte sich in Hannover eine breite Diskussion über die Kunst im öffentlichen Raum, die schließlich zur Gründung der Kommission führte. Zwei Jahre lang untersuchten Barbara Straka, damals Präsidentin der Hochschule für Bildende Künste Braunschweig, Peter Rautmann, damals Rektor der Hochschule für Künste Bremen, und der Kurator, Kulturwissenschaftler und damalige Leiter des Kunstvereins Hildes-

heim, Thomas Kaestle, die Kunstwerke in der Innenstadt Hannovers und erstellten ein Gutachten, das Kaestle 2008 stellvertretend für die Kommission verfasste.[1] Dieses Gutachten geht weit über eine Bestandsaufnahme hinaus und ist, obwohl es sich auf die Situation in Hannover bezieht, durchaus als Vorbild für andere Städte geeignet. Denn hier werden neben einer kritischen, kunsthistorisch fundierten Analyse der Kunstwerke und der städtebaulichen Situation ihres Standorts Empfehlungen ausgesprochen für den Umgang mit diesem Bestand sowie Vorschläge für zukünftige Konzepte entwickelt. Darüber hinaus wird die Situation in Hannover in die allgemeine Entwicklung der Kunst im öffentlichen Raum in Deutschland eingeordnet.

Hannover weist eine hohe Dichte an Kunstwerken im Stadtraum auf, denn die niedersächsische Landeshauptstadt nahm mit ihrem *Straßenkunstprogramm*, das von 1969 bis 1974 realisiert wurde, eine innovative Rolle im Umgang mit zeitgenössischer Kunst ein. Laut Gutachten entstanden damals eine Reihe von Stahlplastiken und kinetischen Objekten, »von denen viele heute nur noch als kunsthistorische Referenzen gelesen werden können«[2]. Darüber hinaus sind viele dieser Werke beschädigt, verschmutzt oder durch städtebauliche Veränderungen so eingeengt, dass Passanten sie kaum noch als Plastiken identifizieren können.

Die kunsthistorisch bedeutendsten Arbeiten in Hannover sind die *Nanas* von Niki de St. Phalle. Es handelt sich um die ersten Außenskulpturen der französischen Künstlerin, die in Deutschland realisiert wurden. Heute gelten sie als Markenzeichen der Stadt, doch bei ihrer Aufstellung 1974 sorgten sie für heftige und erbittert ausgetragene Kontroversen. Insofern sind die *Nanas* ein gutes Beispiel für den Bewertungswandel, den Werke im öffentlichen Raum über Jahrzehnte häufig erfahren. Bis heute polarisieren neu im Stadtraum installierte Skulpturen. Doch oftmals sind es die besonders umstrittenen, die dann von späteren Generationen umso mehr geliebt werden.

In Hannover stagnierte das Engagement für zeitgenössische Kunst im Stadtraum nach der *Straßenkunst*. Zwar wurde in den 1980er-Jahren auf Initiative des Galeristen Robert Simon eine Skulpturenmeile mit Großplastiken der Nachkriegsmoderne realisiert. Doch im Gutachten wird kritisiert, dass hier »schwerpunktmäßig die Grünstreifen zwischen den Fahrbahnen« besetzt wurden. Derartige »Mittelstreifenkunst«[3] müsse überdacht werden, so die Empfehlung der Kommission, die in ihrem Gutachten sehr gut herausarbeitet, wie sich Wahrnehmung und Bewertung von Kunst verändern. Dabei werden Fragen aufgeworfen, die urbane Kunst in allen Städten betreffen: In welchem Zustand befindet sich das Werk? Ist sein Standort noch passend? Ist das Werk noch zeitgemäß? Vermag es die Passanten zu berühren? Oder ist es nur noch als historisches Denkmal lesbar? Wie geht man mit so einem Denkmal um? Welchen Stellenwert hat es für die Identität der Stadt? Wie lässt sich Das vermitteln? Wie haltbar ist Kunst im Stadtraum überhaupt? Muss man Kunstwerke möglicherweise versetzen? Darf man sie entfernen? Was passiert dann damit? Eine entscheidende Empfehlung des Gutachtens betrifft aktuelle Konzepte für zeitgenössische Kunst im Stadtraum. Denn in Hannover gab es über Jahrzehnte weder Budgets für die Entwicklung neuer Arbeiten noch für den Erhalt des Bestands. Was den Erhalt betrifft, so hat das Gutachten immerhin einiges bewirkt: Rund 10 000 Euro im Jahr stellt die Stadt Hannover inzwischen für Instandhaltung, Restaurierung und Vermittlung der bestehenden Kunst im öffentlichen Raum bereit. Das ist wenig, aber mehr als nichts. Außerdem wurde ein Vermittlungskonzept erarbeitet und umgesetzt. So gibt es seit 2013 unter dem Motto »Kunst umgehen« regelmäßige Führungen, Diskussionsveranstaltungen und Workshops sowie eine Publikationsreihe in Form von Faltblättern mit Erläuterungen zu den wichtigsten Werken in der Innenstadt. Eine einheitliche Beschilderung der Werke wird derzeit noch realisiert. Was jedoch nach wie vor wünschenswert bleibt, sind Konzepte für neue, zeitgenössische Projekte. Auch gab es einen umfangreichen Katalog mit Vorschlägen für den Standortwechsel von Werken, dessen Umsetzung aber finanziell und bautechnisch sehr aufwendig wäre. Wenigstens wird das Gutachten bei Platzneugestaltungen nun zurate gezogen. Aber leider hat die Stadt Hannover darauf verzichtet, eine ständige Kommission für Kunst im öffentlichen Raum einzusetzen.

Neue Sensibilität für urbane Kunst
Nach wie vor sind die Empfehlungen und Vorschläge des kritischen, aber konstruktiven Gutachtens von Hannover hochaktuell. Entwickelt wurden sie in einem Klima, in dem eine neue Sensibilität für Kunst im öffentlichen Raum entstand. Denn ab den 2000er-Jahren wurde in einigen deutschen Städten darüber debattiert, wie man mit dem Bestand an urbaner Kunst umgehen soll. So führte beispielsweise die Stadt Bremen im Jahr 2003 das Projekt *Moving the City* durch, bei dem 16 Kunstwerke im Stadtgebiet einen neuen Standort erhielten. Mit dieser »Verrückungsaktion« unterzog Bremen 30 Jahre nach dem Start seines Programms für Kunst im öffentlichen Raum den Bestand einer Revision. Im Jahr 2005 fand in Bergkamen die Tagung *Ein Magazin für Kunst aus dem öffentlichen Raum* statt, die sich ebenfalls der Frage widmete, ob Kunstwerke umgesetzt werden könnten oder sollten, wenn deren Umfeld sich so stark verändert hat, dass sie ihre Wirkung nicht mehr entfalten können. Und man ging in Bergkamen sogar noch einen Schritt weiter und diskutierte die Möglichkeit eines Lagers, wo man Werke aufbewahren könnte, für die vorübergehend kein neuer Ort gefunden würde.
Auch in Köln beschäftigte man sich 2008 auf einem überregional beachteten Symposium mit der gleichen Thematik: *»Erwünschte« und »unerwünschte« Monumente – Welche Kunst für den (Kölner) öffentlichen Raum?* Das Symposium wurde vom Kölner Kunstbeirat organisiert, einem mit Fachleuten besetzten Gutachtergremium für

Kunst im öffentlichen Raum, das seit 2005 mit einem Budget ausgestattet ist, um eigene Projekte initiieren zu können. Zu diesen Projekten gehört seit 2008 die Zustandserfassung der Kunstobjekte aller Epochen inklusive Brunnen, Denkmäler und Mahnmale durch das Institut für Restaurierungs- und Konservierungswissenschaft der Fachhochschule Köln. 2011 schließlich wurden Markus Ambach und Kay von Keitz als erstes Team des *StadtLabors für Kunst im öffentlichen Raum* beauftragt, ihr Projekt *Der urbane Kongress* zunächst als Feldversuch und anschließend mit ersten Umsetzungsmaßnahmen durchzuführen. Das Konzept, der Verlauf und die Ergebnisse des Projekts sind in dieser Publikation umfassend dokumentiert. Markus Ambach und Kay von Keitz schlugen ihrerseits die Schaffung eines *Archivs für ungenutzte Kunst* vor, das zur Veranschaulichung temporär an dem prominentesten Platz der Stadt, dem Roncalliplatz, eingerichtet werden sollte. Leider ließ sich dieses Vorhaben nicht realisieren. Eine Debatte über die Möglichkeit, Kunstwerke aus der Stadt zu entfernen, scheint immer noch an Tabus zu rühren. Dabei hat sich schon lange eine Skepsis gegenüber der Errichtung dauerhafter Skulpturen und Denkmäler im urbanen Raum entwickelt: Die Städte wirken regelrecht zugestellt, Kunst ist oftmals kaum noch von anderen Stadtmöblierungen zu unterscheiden, und zu lange hat konzeptionsloser Wildwuchs Quantität statt Qualität gefördert. Dennoch darf der Überdruss nicht zu Abräumaktionen im Hauruckverfahren führen, zumal in den meisten Städten noch nicht einmal der Bestand der Kunstwerke im öffentlichen Raum dokumentiert ist.

Beispiel Dortmund
Dortmund hat auf den Mangel reagiert und 2012 eine »Stabsstelle« für Kunst im öffentlichen Raum eingerichtet. Die Bezeichnung mag seltsam klingen, aber es handelt sich hier tatsächlich um eine neu eingerichtete Institution mit dem Status eines kleinen Museums. Die Einrichtung dieser Stabsstelle ist eine positive Folge des Kulturhauptstadtjahrs Ruhr.2010. Die Ruhrgebietsstädte gründeten gemeinsam die Kunstorganisation Urbane Künste Ruhr, die neue Konzepte für den öffentlichen Raum entwickelt und realisiert. Über die Gründung einer vergleichbaren Kooperationsgemeinschaft für die Bestandspflege wurde ebenfalls nachgedacht. Aber eine übergeordnete Institution wäre wahrscheinlich weniger handlungsfähig als eine Stabsstelle, die sich auf das jeweils eigene Stadtgebiet konzentriert, da in den meisten Ruhrgebietsstädten der Bestand überhaupt erst erfasst werden muss. Dortmund nimmt nun eine Vorreiterrolle ein. Es gibt einen Etat von 55 000 Euro im Jahr für die Bestandserfassung, Restaurierung sowie Konzeption und Durchführung eines Vermittlungsangebots. Innerhalb von zwei Jahren sind deutlich sichtbare Resultate erarbeitet worden, obwohl die Stabsstelle nur eine fest angestellte Kraft hat: Die Kunsthistorikerin Rosemarie Pahlke hat die Stelle aufgebaut und leitet

sie nun gewissermaßen als Einpersonenbetrieb mit freien Mitarbeitern. Sie ist dabei, ein bürgerschaftliches Netzwerk zu organisieren und Patenschaften für einzelne Werke oder Gebiete zu finden. Ohne ein solches Netzwerk wäre eine Bestandserfassung eine Endlosaufgabe und die Instandhaltung gar nicht möglich, weil regelmäßige Kontrollgänge dafür erforderlich sind. Darüber hinaus beschränkt sich die Stabsstelle Dortmund nicht auf städtisches Eigentum, sondern bezieht Werke von Privateigentümern ein, wenn diese sich im urbanen Raum befinden. Natürlich kann Pahlke hier nur den Dialog suchen und Empfehlungen aussprechen, sobald sie Handlungsbedarf sieht, aber sie stößt mit ihrem Anliegen auf große Resonanz in der Bürgerschaft. Das zeigt, dass Anwohner sich mit ihrem urbanen Umfeld identifizieren und an seiner Gestaltung aktiv teilnehmen wollen.
Öffentlichkeitsarbeit ist daher auch ein Schwerpunkt, den Rosemarie Pahlke gezielt einsetzt. Seit 2012 bietet sie regelmäßig Spaziergänge in unterschiedlichen Stadtquartieren an, organisiert Diskussionsveranstaltungen und Vorträge. 2013 hat sie eine erste Broschüre veröffentlicht, in der eine Auswahl an Innenstadtkunstwerken aus den letzten zwei Jahrzehnten vorgestellt werden. Bei diesen sind auch schon die ersten Restaurierungsarbeiten erfolgt.

Handreichung des Deutschen Städtetags

Inzwischen hat auch der Deutsche Städtetag den Handlungsbedarf erkannt und im März 2013 eine Handreichung[4] mit Empfehlungen an die Kommunen über den Umgang mit Kunst im öffentlichen Raum verabschiedet. An erster Stelle steht hier die Forderung nach einem »prozentual definierten«[5] Budget, das die Kommunen für Kunst investieren sollen. Damit bezieht sich der Städtetag auf eine »alte Praxis«, die in der Handreichung nicht näher ausgeführt wird. Der historische Hintergrund ist jedoch folgender: Nach dem Ersten Weltkrieg verlangten neu gegründete Künstlervereine von der sich formierenden bürgerlichen Gesellschaft, Arbeits- und Verdienstmöglichkeiten für bildende Künstler zu schaffen. 1928 brachte schließlich der Freistaat Preußen einen Erlass heraus, der eine Beteiligung von Künstlern an öffentlichen Baumaßnahmen empfahl. An diese kulturpolitische Vorgabe knüpfte nach dem Zweiten Weltkrieg die Bundesrepublik an. Engagement für zeitgenössische Kunst galt als Zeugnis demokratischer Grundhaltung. Bis zu zwei Prozent waren für Kunst am Bau in den einzelnen Bundesländern vorgesehen, und viele Kommunen haben diese Vorgabe als freiwillige Selbstverpflichtung übernommen. Doch ab den 1980er-Jahren wurden die Budgets größtenteils gestrichen, häufig betraf das sogar die Instandhaltungsetats.
Der Deutsche Städtetag spricht nun in seiner Handreichung eine Reihe von Empfehlungen aus, damit sich eine neue Praxis der Förderung und Erhaltung urbaner Kunst entwickelt. Hier sind teilweise Ideen der Einzelprojekte aus den verschiedenen

Städten eingeflossen. So wird die Einrichtung einer Stabsstelle für öffentliche Kunst wie in Dortmund als »Idealfall« bewertet, weil dies eine kontinuierliche und fachkompetente Bestandspflege garantiere. Dafür sollen die Kommunen feste Budgets einrichten sowie strukturelle Voraussetzungen schaffen, das heißt Zuständigkeiten klären, Kooperationen zwischen städtischen Ämtern erleichtern und durch Patenschaften bürgerschaftliche Netzwerke einbeziehen. Ein weiterer Bereich umfasst die Dokumentation und Information: Eine umfangreiche Bestandserfassung dient nicht nur der Instandhaltung, die Kunst in den Städten muss vielmehr durch Beschilderungen, Führungen, Publikationen für die Öffentlichkeit wieder lesbar gemacht werden. Dokumentation, Konservierung und Vermittlung betreffen den Bestand an Kunst im öffentlichen Raum, der Deutsche Städtetag beschäftigte sich jedoch ebenfalls mit Konzepten für die Zukunft. Dazu gehört auch, den Bestand zur Diskussion zu stellen und gegebenenfalls einer Revision zu unterziehen. In der Handreichung heißt es unmissverständlich: »Es muss möglich sein, fragwürdige Entscheidungen der Vergangenheit zu korrigieren.«[6] Dennoch werden hier keine umfassenden Aufräumarbeiten verlangt. Der Deutsche Städtetag hat sich erkennbar und teilweise im Wortlaut an der Konzeption von Markus Ambach und Kay von Keitz und ihrem Projekt *Der urbane Kongress* orientiert: So erwähnt er die Einrichtung eines »Archivs für ungenutzte Kunst« als empfehlenswerte Maßnahme und schlägt für manche Arbeiten eine »Denkpause« im »innerstädtischen Diskurs« vor. Die Handreichung spricht in diesem Zusammenhang auch von einem »Depot«, in dem beschädigte oder fragwürdige Arbeiten »temporär oder dauerhaft aufbewahrt und auch bei Bedarf interessierten Bürgern oder Fachleuten zugänglich gemacht werden«. Darüber hinaus empfiehlt der Deutsche Städtetag, in allen Kommunen fachkompetent besetzte Kommissionen für öffentliche Kunst zu berufen. Die Städte, in denen solche Kommissionen Entscheidungsprozesse begleiten oder wie in Köln auch eigene Projekte initiieren, profitieren davon erkennbar. Denn was in nahezu allen Städten fehlt, auch darauf weist die Handreichung hin, sind Konzepte für neue Kunstprojekte im öffentlichen Raum. Der Deutsche Städtetag schlägt vor, ein prozentual festgelegtes Budget bereitzustellen, das sich an den öffentlichen Bauausgaben orientiert. Erstaunlicherweise wird in der Handreichung die Stadt München nicht erwähnt. Dabei besitzt München tatsächlich ein solches prozentuales Budget für Kunst im öffentlichen Raum und hat seit 2001 ein vorbildliches Konzept stetig weiterentwickelt.

Beispiel München
In München folgt man dem sogenannten Zwei-Säulen-Modell. Das bedeutet, dass bis zu 1,5 Prozent der kommunalen Baukosten für Arbeiten von Künstlern aufgewendet werden. Das sind derzeit etwa 1,2 Millionen Euro pro Jahr. Dieses Budget teilen sich zwei kommunale Behörden. Das Bauamt vergibt die Gelder für klassische Kunst-am-Bau-Projekte, die allerdings seit 2001 unter dem von dem Berliner Künst-

ler Adib Fricke erfundenen Markennamen *Quivid* firmieren und einem neuen Konzept folgen. Dementsprechend werden Gestaltungswettbewerbe ausgeschrieben, und eine unabhängige Fachjury entscheidet über die Auftragsvergabe. Diese Hälfte des vom Bauamt verwalteten Budgets geht also an dauerhafte künstlerische Arbeiten im öffentlichen Raum. Mit seinen Konzepten und Umsetzungen in diesem Bereich hat München in den letzten Jahren internationale Beachtung gefunden, vor allem mit der Gestaltung des 2004 eröffneten Petuelparks, der sich auf der Fläche über dem Petueltunnel befindet, durch den täglich 12 000 Autos fahren.
Die zweite Hälfte des Budgets steht dagegen für temporäre künstlerische Aktionen und Installationen im Stadtraum zur Verfügung und wird vom Kulturreferat vergeben. Auch diesem städtischen Amt steht ein mit Fachleuten besetzter Programmbeirat zur Seite. Wichtig ist: Seit 2009 hat der Stadtrat ein dreistufiges Modell zur Förderung innovativer Projekte im öffentlichen Raum fest im Aufgabenbereich des Kulturreferats verankert. Das gibt Planungssicherheit, die für konzeptionelle und qualitätsvolle Arbeit notwendig ist. Das dreistufige Modell sieht Einzelprojekte, Projektreihen mit jährlich wechselnden Schwerpunktthemen und alle drei Jahre ein internationales Großprojekt vor. In diesem Rahmen kuratierte das dänisch-norwegische Künstlerduo Michael Elmgreen und Ingar Dragset 2013 das Projekt *A Space Called Public / Hoffentlich Öffentlich* und stellte gemeinsam mit international arbeitenden Künstlern die Frage »Was ist öffentlicher Raum heute?«. Ab 2015 wird ein neues internationales Großprojekt für den öffentlichen Raum vorbereitet, das 2018 stattfinden soll. Mit seinem Zwei-Säulen-Modell nimmt München eine Vorreiterrolle unter Deutschlands Städten ein. Hier wurden verbindliche finanzielle, strukturelle und konzeptionelle Rahmenbedingungen geschaffen, die Kunst im öffentlichen Raum braucht, wenn sie einer Stadt eine zeitgenössische kulturelle Identität geben soll.

---

1 | *Tradition und Innovation. Stand der Kunst im öffentlichen Raum im Innenstadtbereich Hannover – Perspektiven für deren Pflege und Entwicklung. Gutachten der Kommission für Kunst im öffentlichen Raum der Landeshauptstadt Hannover*. Verfasst v. Thomas Kaestle (in Zusammenarbeit mit Peter Rautmann und Barbara Straka), hrsg. von der Landeshauptstadt Hannover, Hannover 2008. Im Internet abrufbar unter: http://www.hannover.de/Media/01-DATA-Neu/Downloads/Landeshauptstadt-Hannover/Kultur-Freizeit/Kunst/Gutachten-%22Stand-der-Kunst-im-%C3%B6ffentlichen-Raum-im-Innenstadtbereich-Hannover%22 [02.04.2015].
2 | Ebd., S. 42.
3 | Ebd., S. 46.
4 | Deutscher Städtetag: *Kunst im öffentlichen Raum. Eine Handreichung (zustimmend zur Kenntnis genommen vom Präsidium des Städtetags aus seiner 393. Sitzung am 13. März 2013 in Heilbronn)*. Im Internet abrufbar unter: http://www.staedtetag.de/imperia/md/content/dst/extranet/3_bildung/kultur/393_kunst_im_oeffentlichen_raum_handreichung.pdf [02.04.2015].
5 | Ebd., S. 2, wie auch die nachfolgenden Zitate.
6 | Ebd., S. 4, wie auch die nachfolgenden Zitate.

Stahlplastik *Figur* (1993)
von Michael Croissant vor der
Minoritenkirche am Kolpingplatz

Exemplarische Realisierungen
Die Umsetzungsphase

Die zweite Phase des Projekts *Der urbane Kongress* war drei Umsetzungsvorhaben gewidmet: die Versetzung der *Kreuzblume* aus dem Bereich des Kardinal-Höffner-Platzes mit dem *Taubenbrunnen* von Ewald Mataré, die Restaurierung und Wiederinbetriebnahme der kinetischen Plastik *Licht und Bewegung* von Otto Piene am Wormland-Gebäude in der Hohen Straße und die temporäre Einrichtung eines *Archivs für ungenutzte Kunst* auf dem Roncalliplatz. Diese Maßnahmen sollten exemplarisch zeigen, welche Realisierungen von nachhaltiger Bedeutung sich aus dem bisherigen Prozess ableiten lassen. Zugleich könnte damit sowohl der jeweilige direkte Nutzen als auch das Potenzial für längerfristige Wirkungen ermittelt werden. So wie bereits in der ersten Phase ging es auch hier nicht zuletzt darum, diese Aktivitäten öffentlich wahrnehmbar durchzuführen und der Diskussion zugänglich zu machen. Die im bisherigen Projektverlauf bereits erprobte Beteiligung unterschiedlicher Akteure der Stadtgesellschaft, institutioneller und öffentlicher wie privater Einrichtungen und Personen, wurde dabei konsequent fortgeführt. Diese prototypisch konzipierten Realisierungsaktivitäten wurden daher auch weiterhin von öffentlichen Veranstaltungen begleitet, in den politischen Gremien der Stadt kommuniziert und verhandelt sowie über die regionale Presse verbreitet.

Die konkreten Vorhaben sind in mehrfacher Hinsicht beispielhaft und repräsentieren drei unterschiedliche Typologien von Maßnahmen, mit denen fast alle Problemfälle von Kunst im öffentlichen Raum angesprochen werden können: eine (im Grunde einfache) Neuordnung im städtischen Raum (*Kreuzblume*) zur Reaktivierung eines seiner Wahrnehmbarkeit beraubten Kunstwerks (*Taubenbrunnen*); eine Instandsetzung, die gleichzeitig Erhaltung und Wiederbelebung bedeutet (*Licht und Bewegung*), und die Schaffung eines neuen Instruments für den respektvollen Umgang mit Kunstwerken im öffentlichen Raum ohne funktionierenden Kontext (*Archiv für ungenutzte Kunst*). Diese Beispiele machten zwangsläufig die Möglichkeiten wie die Unmöglichkeiten anschaulich, wenn man im komplexen Gefüge der Stadt – mit und zwischen Politik, Verwaltung, Institutionen, diversen Interessengruppen, Medien, Bürgerinnen und Bürgern – solche Dinge umsetzen oder deren Umsetzung in die Wege leiten will. Die administrativen Anforderungen sind enorm, die politischen Verhältnisse kompliziert, und die Einflussnahme durch Einzelinteressen wie auch die Bedeutung von Stimmungslagen in der Bevölkerung dürfen dabei nicht unterschätzt werden.

Aktualisieren
Die Reinszenierung des Taubenbrunnens durch die Versetzung der Kreuzblume

Situation *Kreuzblume*
und *Taubenbrunnen*

Der Gedanke ist einfach: Man nimmt ein Objekt, das vor 35 Jahren temporär aufgestellt wurde, sich in Beton verwandelt hat und dann für immer geblieben ist, an den Haken eines großen Krans und stellt es an einem anderen, besser geeigneten Ort wieder auf. Der dadurch befreite Kardinal-Höffner-Platz wird in die neue Gestaltung der Domumgebung miteinbezogen und erhält den *Taubenbrunnen* als seinen bescheidenen »Hauptdarsteller« zurück.

Abgesehen von der technischen Herausforderung – immerhin handelt es sich um ein 35 Tonnen schweres Konstrukt aus 13 Einzelelementen – erweist sich auch die stadtplanerische Frage, wo es einen geeigneten alternativen Standort mit direktem Sichtbezug zum Dom gäbe, als schwierig. Vor allem aber zeigen sich die Kölnerinnen und Kölner gespalten, ob die bei Touristen als Treffpunkt und Fotomotiv anscheinend so beliebte *Kreuzblume* bleiben soll oder nicht: Während sie die einen in ihr Herz geschlossen haben und mittlerweile als un-

antastbaren Satelliten des Kölner Doms betrachten, würden andere das »Trumm« lieber heute als morgen verschwinden sehen. Eine Kontroverse, die sich nicht nur bis in die Berichterstattung der Boulevard-Presse verfolgen lässt, sondern auch in den politischen Gremien widerspiegelt. Nach intensiven, auch öffentlich geführten Debatten ist es zum Ende des Projekts *Der urbane Kongress* gelungen, die Politik nochmals in Bewegung zu bringen: Die nach den Kommunalwahlen 2014 neu besetzte Bezirksvertretung Innenstadt hat über einen von den Grünen eingebrachten Antrag abgestimmt und mehrheitlich gegen die Stimmen von CDU und SPD die Versetzung der *Kreuzblume* beschlossen. Ein entsprechender Auftrag ist an die Verwaltung ergangen. Wenn diese Maßnahme jedoch als »von übergeordneter städtischer Bedeutung« eingestuft werden sollte, muss sich auch der Stadtrat mit der Angelegenheit beschäftigen und darüber befinden. Die Kölner SPD hat bereits ihren Widerstand gegen die Versetzung angekündigt.

IRINA WEISCHEDEL
Ab in die Eifel

Eigentlich sind sich doch alle einig: Künstlerische Arbeiten haben, egal an welchem Ort und in wessen Verantwortlichkeit sie sich befinden, einen Anspruch auf Pflege und Erhalt. Sie besitzen in unserer Gesellschaft als Teil des kulturellen Erbes einen besonderen Stellenwert. In Museen ist der achtsame Umgang mit Kunstwerken selbstverständlich, das Bewahren gehört zu den Kernaufgaben, formuliert im international gültigen *ICOM Code of Ethics*.[1] Kunst im öffentlichen Raum erfährt diese Selbstverständlichkeit nicht. Bei einem Graffiti auf einer Plastik in einer Museumsausstellung spräche man schnell von einem »Anschlag« – an Arbeiten im öffentlichen Raum wird so etwas häufig hingenommen, oder es wird erst nach langer Zeit bemerkt und gegebenenfalls, wenn die Zuständigkeiten geklärt sind, behoben. Nun ist der öffentliche Raum glücklicherweise kein Museum, und das ist auch das Reizvolle an diesen Arbeiten: Sie sind viel näher am Betrachter, können angefasst und genutzt werden, sogar als Partylocation dienen oder auch »mitgestaltet« werden. Gerade deshalb bedürfen auch diese Arbeiten einer Pflege, zu der im öffentlichen Raum nicht nur die Restaurierung oder das Beheben von Schäden zählt. Denn die Stadt, in der die Arbeiten fest installiert sind, verändert sich. Straßen und Plätze werden umgewandelt, sodass sich Arbeiten oft in einem ganz anderen Kontext wiederfinden als bei ihrer Aufstellung. Deshalb bedeutet Pflege der Kunst im öffentlichen Raum, auch von Zeit zu Zeit die Situation, in der sich die Arbeiten befinden, neu wahrzunehmen, zu bewerten und gegebenenfalls adäquat zu verändern.
Der urbane Kongress rückte daher als eines der besonders markanten Beispiele die Arbeit des bedeutenden Bildhauers und Beuys-Lehrers Ewald Mataré in den Fokus, die ihre Sichtbarkeit im Laufe der Jahre immer weiter einbüßte und deren künstlerischer Stellenwert in ihrem heutigen Kontext nicht zum Tragen kommt.

Aus den Augen verloren – der *Taubenbrunnen* von Ewald Mataré
Das flache, spiralförmige Brunnenbecken aus Eisen, umgeben von einem oval angelegten geometrischen Mosaikpflaster aus blauen, weißen, grauen und schwarzen dreieckigen Steinen, wird eingegrenzt durch zwei niedrige, geschwungene Eisenkonstruktionen. Es befindet sich heute am südlichen Rand des Kardinal-Höffner-Platzes – eines stark frequentierten Platzes vor der Westfassade des Doms, am Rande der Domplatte. Geplant hatte Mataré den *Taubenbrunnen* zunächst für den Kölner Bahnhofsvorplatz. Matarés Konzept sah den Brunnen als Tränke für Tauben vor, die damals vermehrt vor dem Bahnhof zu finden waren, wo sie von den Reisenden gefüttert wurden. Die Arbeit konnte jedoch an dem geplanten Ort nicht realisiert werden, da der Platz nicht der Stadt Köln, sondern der damaligen Bundesbahn gehörte. Der

neue Aufstellungsort wurde gegen die Bedenken des Künstlers vom Auftraggeber des Brunnens bestimmt: Die Stiftung der Bank für Gemeinwirtschaft ließ ihn vor ihrem neu erbauten Sitz errichten – dem heutigen Domforum am Kardinal-Höffner-Platz. Architekt des Gebäudes war Fritz Schaller, der Ende der 1960er-Jahre auch die bis heute umstrittene Domplatte als urbane Einfassung der Kathedrale gestaltete. Dort wurde der Brunnen 1953 eingeweiht und an die Stadt Köln übergeben. Die Sorge des Künstlers, dem *Taubenbrunnen* würde mit der Änderung des geplanten Standorts sein eigentlicher Kontext genommen, wurde laut Mataré nicht berücksichtigt: »Der Einwand, daß dort die Tauben sich nicht so leicht einfinden werden, derweil sie ja vor dem Bahnhof ständig gefüttert werden, wurde nicht beachtet«, schreibt er in seinem Tagebuch.[2] Wie Aufnahmen aus den 1960er-Jahren zeigen, hat sich seine Befürchtung nicht bestätigt. Der Brunnen wurde nicht nur von den Bürgern, sondern auch von den Namensgebern der Arbeit gut angenommen. Den Kontext des *Taubenbrunnens* veränderten jedoch im Laufe der Jahre zwei andere Tatsachen: Zum einen die verkehrstechnische Umgestaltung des Platzes und die dabei vorgenommene Stadtmöblierung. Zum anderen die Aufstellung der *Kreuzblume* in unmittelbarer Nachbarschaft.

Zunächst bildete der *Taubenbrunnen* das Zentrum des kleinen dreieckigen Platzes vor der Bank für Gemeinwirtschaft. Mit dem Bau der Domplatte und der damit einhergehenden Umgestaltung der Umgebung änderte sich die Situation um den Mataré-Brunnen allerdings grundlegend. Der Platz wurde um die Flächen der ihn umgebenden Straßen vergrößert, bekam eine lang gezogene rechteckige Form und befand sich nun – nicht mehr durch Parkplatz und Straße von der Kathedrale getrennt – in direkter Nachbarschaft zum Kölner Dom. Der *Taubenbrunnen* rückte durch diese eigentlich positiven Veränderungen aus dem Zentrum an den Rand des Platzes und damit ein Stück weit aus dem Blickfeld. Hinzu kamen – nachdem der Platz in den 1950er-Jahren zunächst frei blieb – massive Waschbetonpoller als Randmarkierung, die vor allem Autos fernhalten sollten. Im Laufe der Jahre wurden hier schließlich zahlreiche weitere Stadtmöbel unterschiedlichster Art versammelt, die die Sichtbarkeit der Arbeit immer weiter einschränkten.

Die Verstetigung des Temporären – die *Kreuzblume* vor dem Dom
Eine weitere grundlegende Veränderung der Situation um den *Taubenbrunnen* war die Aufstellung der *Kreuzblume*. Die Nachbildung einer der beiden Domturmspitzen, zur Veranschaulichung der beeindruckenden Größenverhältnisse und damit auch der schwer zu erfassenden Höhe der Türme, wurde 1980 zunächst temporär zum

Jubiläumsjahr der hundertjährigen Domfertigstellung im Rahmen einer Ausstellung aufgestellt. Der Ursprung dieser Idee ging auf eine Skizze des Dombaumeisters Richard Voigtel aus dem Jahr 1879 zurück. Sein Plan, das Modell als Denkmal der Domvollendung an der südöstlichen Ecke der Domterrasse aufzustellen, konnte sich damals nicht durchsetzen und wurde hundert Jahre später erneut aufgegriffen, ohne aber die von Voigtel vorgesehene dezente Platzierung zu übernehmen. Ob eine dauerhafte Aufstellung an ihrem jetzigen Standort genehmigt worden wäre, ist fraglich. Denn das fast zehn Meter hohe und fünf Meter breite 1:1-Modell aus Kunststoff dominierte nunmehr das Zentrum des Platzes, stand in der Achse des Domhauptportals und in direkter Nachbarschaft des flach gestalteten Mataré-Brunnens. Das Interim hielt zunächst zehn Jahre. 1990 wurde die *Kreuzblume* – die nie für eine dauerhafte Aufstellung konzipiert worden war – durch einen Orkan zerstört. Doch anscheinend war das Objekt bei den Kölnerinnen und Kölnern bereits so beliebt, dass das Verkehrsamt der Stadt ein neues Modell an selbiger Stelle aus robustem Material errichten ließ: Das temporäre Objekt wurde in Form einer 13-teiligen, 35 Tonnen schweren Stahlbetonkonstruktion zu einem dauerhaften Emblem im öffentlichen Raum »verewigt«. Fraglich ist, ob der Standort bei dieser folgenreichen materiellen Umwandlung der *Kreuzblumen*-Replik geprüft wurde.

Handlungsvorschlag: Versetzung der *Kreuzblume*
Als Status quo der Situation am Kardinal-Höffner-Platz ist ein scheinbar zufällig entstandenes und ungestaltetes Nebeneinander einzelner, beziehungsloser Elemente festzuhalten. Da die *Kreuzblume* als temporär gedachtes Objekt, das weder Kunstwerk noch Denkmal ist, nicht nur die Wahrnehmbarkeit des Mataré-Brunnens stört, sondern auch in direkter Sichtachse des Domhauptportals steht, schlug *Der urbane Kongress* ihre Versetzung an einen anderen Ort in der Domumgebung vor. Zudem, so die Empfehlung des Kongresses, sollte der überladene Platz von Pollern, einigen Laternen und Mülleimern »entrümpelt« und der Brunnen als solcher gepflegt und erhalten werden. Mit dem Vorschlag der Versetzung der *Kreuzblume* innerhalb der Domumgebung, wo sie weiterhin als Treffpunkt und Fotohintergrund dienen und die Dimension des Doms visualisieren könnte, wurde dem touristischen und didaktischen Wert des Objekts Rechnung getragen.[3] Das Projektteam konnte damit glaubhaft deutlich machen, dass es bei der Frage um den Umgang mit dem Kardinal-Höffner-Platz nicht um ästhetische Wertungen und Geschmacksurteile geht und dass neben den künstlerischen auch andere Interessen gesehen, beachtet und vor allem gleichwertig behandelt werden. Dies wird einer der Gründe sein, warum

der Vorschlag des Projektteams zwar eine Debatte auslöste, zunächst aber kaum auf Widerstand der Kölnerinnen und Kölner stieß. Erst als plötzlich die Idee öffentlich kursierte, die *Kreuzblume* außerhalb Kölns, beispielsweise in der Eifel an einem Aussichtspunkt mit Fernblick auf den Kölner Dom, zu platzieren und daraufhin Einwohner aus dem Bergischen Land großes Interesse an dem Objekt bekundeten, kochten die Emotionen hoch. Von einer anstehenden »Strafversetzung« der *Kreuzblume* berichtete der *Express* auf seiner Titelseite im Mai 2013 und forderte seine Leser zur Meinungsäußerung auf[4], die überwiegend ablehnend ausfiel. In Stadtgesellschaft und Politik fand der Vorschlag der *Kreuzblumen*-Versetzung zwar eine Reihe grundsätzlicher Befürworter, so auch den Dombaumeister und den Dompropst, dennoch konnte die Versetzung – ob in die Eifel, ins Bergische Land oder innerhalb der direkten Umgebung des Doms – zunächst keine politische Mehrheit finden und damit im Rahmen des Projekts nicht realisiert werden.

Nach der letzten öffentlichen Veranstaltung des Projekts im November 2014 griff die Politik diese Idee jedoch erneut auf. Infolge der Kommunalwahl und damit veränderter Besetzung der politischen Gremien wagte die Grünen-Fraktion in der Bezirksvertretung Innenstadt Ende 2014 einen neuen *Kreuzblumen*-Vorstoß und stellte einen Antrag auf Abbau der »überkommenen Bauteile«.[5] Diesem wurde gegen die Stimmen der Fraktionen von SPD und CDU mehrheitlich zugestimmt und darüber hinaus beschlossen, einen alternativen Standort für die *Kreuzblume* zu finden und sie bis Ende 2015 zu versetzen.[6] Da die Kölner SPD allerdings bereits angekündigt hat, dieser Vorschlag sei mit ihr nicht durchführbar, darf man gespannt sein, wie lange das Interim für die *Kreuzblume* am Kardinal-Höffner-Platz noch andauern wird.

---

1 | *ICOM Code of Ethics for Museums*, hrsg. vom International Council of Museums, Paris 2013, in: http://icom.museum/fileadmin/user_upload/pdf/Codes/code_ethics2013_eng.pdf [23.04.2015].
2 | Zit. nach Schilling, Sabine Maja: *Ewald Mataré. Das Plastische Werk. Werkverzeichnis*, Köln 1994, S. 235.
3 | Der urbane Kongress. Abschlussbericht der ersten Projektphase, Köln 2012, S. 64, in: http://www.derurbanekongress.de/urbanekongress-25.10.pdf [20.04.2015].
4 | Baumanns, Robert: »Das Kreuz mit der Blume am Dom«, in: *Express*, Jg. 51, Nr. 123, 30.05.2013, S. 1 und S. 24.
5 | Sommer, Stefan: »Kommentar zur Kreuzblume. Stolperstein«, in: Kölnische Rundschau, 12.12.2014.
6 | Niederschrift über die Sitzung der Bezirksvertretung Innenstadt am 11.12.2014 vom 19.12.2014, S. 17 f. in: http://ratsinformation.stadt-koeln.de/getfile.asp [20.04.2015].

MARKUS AMBACH
Im Handstreich
Kreuzblume und Taubenbrunnen als Rollenmodell

Die Replik der Domspitze in Gestalt der *Kreuzblume* ist ein klassischer »Stehenbleiber«, der deutlich zeigt, wie Dinge unkontrolliert den Stadtraum besiedeln. Die langsame Verstetigung von Objekten im öffentlichen Raum, die eigentlich als problematisch gilt, erweist sich bei näherem Hinsehen als subtile Strategie. Denn dem temporären Ausstellen und Präsentieren verschiedenster Themen im Stadtraum wird meist nicht widersprochen, während Dauerhaftes auf Herz und Nieren geprüft wird. Auf den Bürgersteigen und Straßen, Plätzen und sonstigen Resträumen der öffentlichen Stadt verräumlicht sich ein Diskurs zwischen Hoch- und Alltagskultur und entwickelt sich dadurch zur vitalen Bühne der Stadtgesellschaft.

Das Temporäre umgeht also als subjektive Äußerung den Meinungsbildungsprozess des allgemeingültigen Statements. Die Aufstellung der *Kreuzblume* als Modell anlässlich des hundertjährigen Domjubiläums artikulierte in diesem Sinne eine bereits 1897 bestehende Idee, die Maßstäbe des kolossalen Bauwerks zu verdeutlichen. Durch das verschleppte Verbleiben des Objekts vor dem Hauptportal des Doms verlängerte sich die temporär geplante Situation auf nunmehr 35 Jahre. Der Konflikt zwischen seiner Funktion als Treffpunkt, touristischem Fotohintergrund und Maßstabszeichen, dem das Objekt seine Beliebtheit verdankt, und dem Fakt, dass die Replik als Dauerinstallation nie genehmigt worden wäre, wird seitdem durch eine gezielte Entscheidungslosigkeit bestimmt, die einer Art »Public-Public-Agreement« gleichkommt. Der aktuelle Zustand ist faktisch dauerhaft, ohne dies zu benennen. Die stillschweigende Vereinbarung gleicht aber auch einer inoffiziellen Abstimmung. Wo manches Kunstwerk ohne jegliche Vermittlung in der Stadt auftaucht, stellt sich die *Kreuzblume* seit 35 Jahren dem Praxistest. Unausgesprochen artikuliert die Bevölkerung im täglichen Gebrauch ihre Sympathie für das Objekt und die Sinnhaftigkeit seines Verbleibs. Sie folgt, so könnte man meinen, damit auch einem Prinzip, das andernorts von progressiven Vordenkern eines neuen Umgangs mit Kunst im öffentlichen Raum propagiert wird: einem behutsamen Einsickern von Kunst in den öffentlichen Raum[1]. Dort werden Arbeiten nicht einfach im städtischen Terrain »abgeworfen«, sondern verstetigen sich langsam – auch aus Ausstellungen heraus – infolge vermittelter Inhalte, von Teilhabe und langsam wachsender Akzeptanz durch die Bevölkerung. Also durch einen Prozess, in dem Kunst behutsam in den Stadtraum diffundiert und sich dabei mit seinem Kontext abstimmt. Einen Vorläufer zu solchen Prozessen könnte man also – wenn hier auch mit unbewusstem politischen Kalkül – in der Verstetigung der *Kreuzblume* sehen. Ist diese Strategie folglich dort erwünscht und hier verwerflich? Ist sie das Ergebnis einer öffentlichen Entscheidungsfindung auf informeller Ebene, die starren Ordnungsprinzipien widerspricht? Oder ist diese Beliebtheit nur die Konsequenz einer verfehlten Bildungspolitik, die dazu führt, dass populäre Objekte den Produkten der Hochkultur vorgezogen werden? Vergisst der Fachdiskurs schlicht, sich in diesem Sinne um die Seinen (wie den *Taubenbrunnen*) zu kümmern, während er zu Recht die grobe Betonreplik im Veilchenbeet ablehnt?

Bei diesen Fragen wird ein weiteres Problem offenbar. Wo die *Kreuzblume* ihre Fürsprecher gefunden hat, fehlt dem *Taubenbrunnen* die Unterstützung. Seine Bedeutung als Nachkriegskunstwerk verliert sich zunehmend im städtischen Gebrauch. Die Taube – das einstige Friedenssymbol – ist zur »Ratte der Lüfte« avanciert, die zurückhaltend stille Art des Brunnens nicht mehr zeitgemäß. Fehlende Bildungsarbeit trägt dazu bei, dass er als Kunstwerk nicht mehr zu bewerten ist. So gewinnt die *Kreuzblume* die Volksabstimmung mit großer Mehrheit. Doch ist Demokratie nur ein Mehrheitsdiskurs, der Minderheiten verdrängt, oder die Form eines abgestimmten Miteinanders von multiplen Perspektiven und Heterogenitäten? Ist sie der Volksmeinung verpflichtet oder dem Fachdiskurs der Hochkultur, und kann sie es leisten, all dies miteinander zu verknüpfen?

Der urbane Kongress versucht, mit seiner Empfehlung den verschiedensten Perspektiven einer komplexen Stadtgesellschaft Vorschub zu leisten. Die vorgeschlagene Versetzung der *Kreuzblume* um nur wenige Meter von der zentralen Aufstellung vor dem Dom hin zum erhobenen Vorplatz links des Hauptportals erledigt verlustfrei und im Handstreich alle offenen Fragen. Zum einen wird der *Taubenbrunnen* wieder sicht- und erlebbar, zum anderen behält die *Kreuzblume* all ihre Funktionen. Dass die Aktualisierung städtischer Sprache keine Herkulesaufgabe ist, sondern durch einfache Neuordnungen die Artikulation neuer Nachbarschaften möglich ist, zeigt diese einfache Versetzung. Änderung scheint machbar – auch mit kleinen Mitteln. Dies zu demonstrieren und damit auch das Argument der fehlenden Mittel zu widerlegen, ist ein wichtiges Ziel. Die *Kreuzblume* am Haken des *Urbanen Kongresses* wird zum positiven Symbol eines neuen Miteinanders in der innerstädtischen Diskussion. Auch wenn die Versetzung noch nicht realisiert wurde, ist der Prozess in Gang gekommen. Die zahlreichen Artikel und Vorschläge aus Politik und Bevölkerung, die humorig bis ernst über einen Umzug ins Umland, den Abriss oder die Verwahrung an anderer Stelle verhandeln, belegen dies.

Die einfache Versetzung zeigt auch, dass sich Pro- und Contra-Mentalitäten nicht eignen, um der Stadt als komplexen Diskurs zu begegnen. Die subtile Diskussion, die sich aus den Nachbarschaften zwischen den unterschiedlichen Elementen im Stadtraum aufbaut, stellt einen wesentlichen Kommunikationsstrang dar und bedarf einer entsprechenden subtilen Beobachtung, Artikulation und Ausarbeitung. Nähe und Abstand, Dichte und Raum, Kontext und Umfeld bestimmen den Subtext der Dinge in der Stadt. Während die Zeichen sie beschreiben, strukturiert die Syntax den Text. Stadt etabliert sich dabei als gemeinschaftliche Erzählung zwischen den Zeilen, Kapiteln und Texten.

---

1 | Siehe beispielhaft das Projekt *Ein ahnungsloser Traum vom Park*, Museum Abteiberg / MAP, Mönchengladbach 2012–2015.

Diskutieren
Das Archiv für ungenutzte Kunst auf dem Roncalliplatz

Die Einrichtung eines Archivs im öffentlichen Raum, das Arbeiten aufnimmt, die an ihrem bisherigen Standort fragwürdig geworden sind, wurde eingehend diskutiert und hat sich als wichtiges Element auch für die zukünftige Arbeit des *Stadt-Labors* herausgestellt. Wie bereits im Konzept erwähnt, benötigen manche Arbeiten nachweislich eine Denkpause und Regenerationsphase – weil sich ihr Umfeld derart verändert hat, dass sie vollständig aus dem ästhetischen oder inhaltlichen Kontext geraten sind, oder weil sie sich in geradezu unwürdigen Verhältnissen befinden. Dabei soll gerade kein endgültiges Qualitätsurteil (bei dem trotz objektivierbarer Kriterien immer auch subjektive Anschauung und Zeitgeschmack eine Rolle spielen) über das jeweilige Werk gefällt werden, im Gegenteil: Die temporäre Auslagerung in einen neutralisierenden »Erholungsraum« bietet nicht nur die Möglichkeit einer Neubetrachtung und -bewertung der Arbeiten, sondern auch die Chance, neue Interessenten für sie und ihre jeweiligen Themen zu finden und damit neue Aufstellungsorte und stadträumliche Zusammenhänge zu generieren. Gleichzeitig steht die Archiv-Idee einer Abräumhaltung entgegen, da die umgesiedelten Arbeiten eben nicht »entsorgt« und der öffentlichen Wahrnehmung entzogen, sondern an möglichst prominenter Stelle im Stadtraum gezeigt und damit der allgemeinen Debatte zugeführt werden. Das *Archiv für ungenutzte Kunst* repräsentiert einen besonders respektvollen Umgang mit Kunst im öffentlichen Raum und ist zugleich der Versuch, für diesen Zweck eine eigenständige Ästhetik in Form eines »Schaulagers unter freiem Himmel« zu entwickeln.

Eine erste Version dieses Archivs sollte als Prototyp temporär auf einem Teilbereich des Roncalliplatzes vor dem Römisch-Germanischen Museum eingerichtet werden. Direkt vor der Südseite des Doms gelegen, als Ausweitung der Domplatte in Richtung Altstadt, ist dies aus dreierlei Gründen der am besten geeignete Ort: Es ist der Kölner Repräsentationsplatz schlechthin; was hier gezeigt wird, erfährt allein dadurch eine außerordentliche Würdigung innerhalb der Stadt. Zweitens wird hier der Dom selbst als gigantisches, dekontextualisiertes Kunstwerk hervorgehoben und museal präsentiert. Und drittens hat das Römisch-Germanische Museum antike Fundstücke als Ausstellungsobjekte im Außenraum installiert. Folgerichtig wollte das *Archiv für ungenutzte Kunst* die dortige Präsentationsästhetik aufgreifen und als Fortschreibung des Vorhandenen für seine jüngsten »Funde« nutzen – also für jene Exponate aus dem Stadtraum, die bei der Neustrukturierung des Planquadrats versetzt, restauriert, zwischengelagert oder entfernt werden müssen.

Der Roncalliplatz unterliegt jedoch einem besonderen städtischen Nutzungskonzept mit strengen Regelungen, sodass Art, jährliche Anzahl und jeweiliger Zeitraum von Bespielungen limitiert sind. Weil es sich hierbei um einen Ort von gesamtstädtischer Bedeutung handelt, ist bei Entscheidungen über die Zulässigkeit und Relevanz von Veranstaltungen oder Installationen nicht wie sonst das Bezirksparlament des Bereichs Innenstadt zuständig, sondern der Stadtrat mit seinen politischen Gremien. Im Falle des Archivs waren, trotz der Beauftragung durch das Dezernat für Kunst und Kultur sowie einer grundsätzlichen Zustimmung zu den geplanten Maßnahmen durch den Ausschuss Kunst und Kultur, daher eine Reihe von Entscheidungshürden zu nehmen: die ordnungsamtliche Freigabe hinsichtlich Termin, Zeitraum, Sicherheit und technischer Details sowie die jeweils gesonderte Abstimmung der Ausschüsse Kunst und Kultur, Stadtentwicklung sowie Allgemeine Verwaltung und Rechtsfragen. Letzterer Ausschuss hat jedoch, nachdem in einem langwierigen Prozess sämtliche Zustimmungen organisiert worden waren, schon die Annahme des Vorhabens zur Entscheidung verweigert. Es existiere weiterhin Beratungsbedarf, der, so muss man vermuten, auf die frühe und vehemente Ablehnung des Archiv-Experiments durch die Mehrheit in der Bezirksvertretung Innenstadt zurückgeht. Die hatte nämlich, trotz Nichtzuständigkeit, unter der Überschrift »Keine Kunst-Rumpelkammer auf dem Roncalliplatz« auf Antrag der SPD einen Beschluss gegen das Archiv gefasst. Auch durch ausführliche Informationen und persönliches Argumentieren konnte die dortige Mehrheit von dieser Meinung nicht mehr abgebracht werden. (Mittlerweile sind die dortigen Vertreter neu gewählt worden.) Das Vertagen und damit das Nichttreffen der letztgültigen Entscheidung ließen die einzig einhaltbaren Terminoptionen für das Archiv hinfällig werden. Die sechswöchige exemplarische Veranschaulichung eines bis hin zum Deutschen Städtetag als innovativ und empfehlenswert beurteilten Instruments zum Umgang mit Kunst im öffentlichen Raum konnte daher nicht realisiert werden.

Abb. S. 155
v. o. n. u.: Stifter-Denkmal *Johann Heinrich Richartz*, Präsentation von Exponaten des Römisch-Germanischen Museums, Skulptur *Johann Adam Schall von Bell*

Abb. S. 156 / 157
Visualisierung des *Archivs für ungenutzte Kunst*

MARKUS AMBACH
Von der Kunst in den Strömen der Stadt

Für das Projekt *Der urbane Kongress* sollte das *Archiv für ungenutzte Kunst* entstehen – als Erprobung eines anderen Umgangs mit solchen Arbeiten, die innerhalb ihres städtischen wie kulturellen Umfelds problematisch geworden sind. Dies ist bei Weitem nicht der erste Versuch: Schon oft wurde in Modellprojekten zu Kunst im öffentlichen Raum nach Methoden gesucht, um mit Arbeiten, die aus dem Kontext, der Zeit oder der Mode geratenen sind, adäquat umzugehen. Dabei stand meistens das Interesse im Vordergrund, sich unerwünschter Werke auch über das künstlerische Urheberrecht hinweg zu entledigen, sich Möglichkeiten einer innerstädtischen Bereinigung zu schaffen oder auch eine sinnfällige Konzentration guter Arbeiten zu erreichen. Von Kunsthistorikern, die auch gerne gelegentlich einen »Friedhof der Kunst« forderten, bis hin zu Künstlern, die so weit gingen, im Zugriff auf die Arbeiten von Kollegen diese wiederum für die eigene Arbeit zu nutzten[1], reicht die breite Palette an Ideen, der wilden Gemengelage von Kunst im städtischen Raum Herr zu werden.

Unbestritten ist, dass man bei der Untersuchung von Kunst im öffentlichen Raum immer wieder auf die Problematik stößt, dass Arbeiten an ihrem Standort, aus dem sie einst ihre Sinnhaftigkeit und Berechtigung ableiteten, aus dem Kontext geraten sind. Während sich das städtische Umfeld vital fluktuierend als Ort permanenter Neugestaltung zeigt, der sich stets selbst aktualisiert, scheinen künstlerische Werke oft statisch ihrer Zeit, ihrem Zweck und ihrer Bestimmung verhaftet. Nur selten gelingt es, Arbeiten an veränderte städtische Bedingungen und Umfelder anzupassen. Ob durch den Umzug einer Ankernutzung, auf die sich ein Denkmal bezieht, oder die schlichte Weigerung der Künstler, ihr Werk zu verändern, ob durch neue, manchmal gegenläufige historische Deutungen und Perspektiven auf eine bestimmte Ära und ihre Ereignisse oder einfach die architektonische und soziale Umgestaltung eines Quartiers: Aus verschiedensten Gründen verlieren Arbeiten ungewollt die Verknüpfung mit ihrem städtischen und historischen, sozialen wie auch politischen Kontext.

Besonders auch der jeweilige Umgang mit Formen und Traditionen der Erinnerungskultur, ihren Strategien, Strukturen und historisch-sozialen Bedingungen ist dabei ein Faktor, der kaum hinterfragt, geschweige denn aktualisiert wird. Die Fixierung einer Geschichte, Erinnerung oder eines Ereignisses in Stein oder anderen ewigkeitsverdächtigen Materialien, ihre Verknüpfung mit einem festen Ort des Geschehens wie auch Gedenkens und damit einhergehend ihre latente Auslagerung aus dem aktiven Gedächtnis der Bevölkerung, aus den allgemeinen Erzählungen, scheinen für uns weiterhin adäquate Formen zu sein, dem Vergessen entgegenzutreten.

Auch wenn gerade in poststrukturalistischen Diskursen immer wieder darauf hingewiesen wurde, dass die lebendige Weitergabe in den Erzählungen den Gegenstand des Gedächtnisses im kulturellen Bewusstsein der Bevölkerung zirkulieren lässt und somit für seine stete Transformation und Aktualisierung sorgt, verbleibt unsere Gesellschaft im Wesentlichen beim Modell der Auslagerung und Kapitalisierung eines Geschichtsbilds, das die latente Mythologisierung der Erzählungen scheut und sich zu einer wissenschaftlichen Wahrheitsapotheose bekennt. Die Gedenkskulptur formuliert die Erinnerung also nicht im Sinne eines dynamisch mit Vergangenheit, Gegenwart und Zukunft verbundenen Agens, sondern als Akkumulation eines fixierten Kapitals, das jeweils nur an ein und derselben Stelle, in immer gleicher Form und Figur abrufbar ist. Dass Geschichte ein organischer Kosmos ist, der unsere Perspektive ständig verändert, zudem diverse Interpretationen und Reinterpretationen desselben Ereignisses entsprechend der politischen wie auch gesellschaftlichen Stimmungslage die Sicht der Dinge häufig auf den Kopf stellen und des Öfteren zu Recht eine Korrektur der scheinbar einzig wahren Wahrheit fordern, wird dabei schlicht unterschlagen. So unterstützt die Angst vor dem Vergessen eine Kapitalisierung der Geschichte, die in der jeweils einen oder anderen Form politisch nutzbar wird. Statt in der Ambiguität der Erzählungen wie in den Netzwerken der Gemeinschaft zu zirkulieren, wo an der Existenz der Geschichte nie gezweifelt wird, erstarrt diese als ausgelagertes Archiv in Steinen, Bibliotheken und Museen, zu denen nur noch eine exklusive Auswahl Wissender Zugang hat. Die Kultur der Denkmäler und Gedenksteine dient also mitnichten einer aktiven Erinnerung, sondern der Akkumulation historischen Kapitals. Die Auslagerung des kollektiven Gedächtnisses von den Erzählungen in die Form von Gedenk- und Erinnerungsskulpturen im Stadtraum lässt die einstige Sinnhaftigkeit und Zweckbestimmung der Arbeiten im Laufe der Zeit verblassen. Denn die Endlagerung der Geschichte als statische, fest verortete Form eliminiert den zu erinnernden Gegenstand aus der Zirkulation im Organismus der Stadtgesellschaft und verschiebt ihn in das Vergessen der Lager und Archive, eben jener Orte also, an denen die Dinge sicher bewahrt und für immer vergessen werden können. Wie ein geronnenes Gut im fluktuierenden Fluss der Stadt und ihrer flüchtigen Zeit steht das Denkmal im öffentlichen Raum als Endlager der Erinnerung zur Debatte.

Paradoxerweise kann die Erosion seiner Inhalte durch die Ströme der Stadt dem Denkmal seine Souveränität als Objekt zurückgeben und erlaubt dessen Wiedergeburt als künstlerische Arbeit und reine Form, an die sich neue Erzählungen, Spekulationen und Mythen[2] anhaften. Trotzdem bleiben die meisten dieser Objekte, herausgefallen aus Zeit, Ort und Raum, einfach wie Relikte zurück, bis auch ihre künstlerische Qualität angezweifelt wird und sie grundsätzlich zur Disposition gestellt werden. Wenn dann nicht kurz vor zwölf das Urheberrecht von einem Verwandten des Künstlers oder der Künstlerin ins Spiel gebracht wird, droht die Entsorgung der Arbeit auf dem städtischen Betriebshof.

Es liegt also oft nicht an der – vermeintlich schwindenden – Qualität, dass eine Arbeit in Ungnade fällt, sondern an ihrer absehbaren Dekontextualisierung im fluktuierenden Kosmos der Stadt. Ob Erinnerungskultur oder Umfeld, architektonischer

Bezug oder inhaltlich-örtliche Anbindung: Während die Karawane weiterzieht, bleibt die Arbeit zurück. Das Museum ist unbekannt verzogen, aber die Stifter sitzen weiterhin vor dem – nun also falschen – Bau. Die Galerie ist geschlossen worden, aber die künstlerische Außenwerbung war wohl zu schwer für den Umzug. So treiben die Arbeiten haltlos durch den öffentlichen Raum.

Wenn die Zuordnung und Reanimierung nicht durch Umzug beziehungsweise Nachzug oder Hinweise wiederhergestellt werden kann, stellt sich die Frage nach dem Umgang mit solchem Treibgut der Geschichte. Während die Tabula-rasa-Methodik den »Friedhof der Kunst« fordert, der eine Zwei- bis Dreiklassengesellschaft nicht nur von Kunst, sondern auch von Geschichte und ihren Ereignissen impliziert, sucht *Der urbane Kongress* nach Möglichkeiten, einen respektvollen Umgang mit diesem Material zu etablieren.

Das dafür entwickelte *Archiv für ungenutzte Kunst* schlägt eine durchweg prominente öffentliche Zwischenlagerung solcher Arbeiten vor, die in ihrer Umgebung nicht mehr überzeugend wirken können. In Form eines öffentlichen Schaulagers werden Kunstwerke und die in ihnen aufgezeichneten Ereignisse nicht einfach entsorgt, sondern bewusst aus ihrem aktuell falschen Kontext entfernt, um ihnen an neutralem Ort eine Denkpause zu gönnen und damit die Möglichkeit einer Neubewertung einzuleiten. Die Pause bietet die Gelegenheit, einen neuen Blick auf die Arbeiten zu werfen und erweiterte Perspektiven zuzulassen. Das Archiv wird somit zu einem Ort, an dem die Stadtgesellschaft ihren Umgang mit Kunst, Geschichte und Erinnerung neu thematisieren kann. Fragen wie diejenigen, ob Kunst im öffentlichen Raum dauerhaft sein soll, ob dies dem öffentlichen Raum an sich widerspricht, ob seine partielle Musealisierung sinnvoll ist, ob Arbeiten versetzt oder faktisch umgebaut, erneuert, ihrem neuen Umfeld angeglichen werden können oder mit welchen Methoden die Stadtgesellschaft selbst zu deren Aktualisierung beiträgt, können hier im Zwischenraum zwischen alter und zukünftiger Nutzung be- und verhandelt werden.

Als aktives Archiv erlaubt es sogar, mögliche neue Interessenten für die hier gezeigten Arbeiten und ihre Inhalte zu finden. Ob die Stifterfiguren Wallraf und Richartz vom Archiv doch noch vor das neue Museum umziehen oder der Jesuit Johann Adam Schall von Bell, der zum Mandarin in China avancierte, an der Schule, die er einst besuchte, ein Vorbild für die heutigen Schüler wird, anstatt unerkannt sein einsames Dasein auf dem Trottoire hinter der Minoritenkirche zu fristen, bliebe abzuwarten. Das Archiv, gedacht als temporäre Durchgangsstation, als Erneuerungsversuch und Ort, an dem die vergessenen Arbeiten wieder in den aktuellen Diskurs der Stadt integriert werden, zeigt sich jedenfalls als ein Entwurf, der die Kommunikation von Kunst, Stadt und Geschichte aktiviert. Es fungiert als sichtbares öffentliches Zeichen und Schnittstelle für einen neuen, verantwortungsvollen Umgang und Diskurs der Stadtgesellschaft mit ihren Werken, Werten und Geschichten.

Die dafür ins Auge gefassten Kölner Arbeiten werden lediglich anhand ihrer nicht mehr funktionierenden inhaltlichen Relation zum städtischen Kontext ausgewählt und ins Archiv versetzt, um den Bürgern der Stadt erneut ins Gedächtnis gerufen zu werden. Entsprechend der eigenen Direktive, über die Arbeiten keine qualitativen Urteile zu fällen, da diese immer auch individuellem Geschmack, Zeitbezug und damit modischen Strömungen unterworfen sind, widersetzt sich *Der urbane Kongress* mit seinem Archiv Klassifizierungsformen wie Parteinahme, Bewertung und Degradierung von Arbeiten zugunsten einer objektiven öffentlichen Diskussion.

Dazu wird ein prominenter Ort im Zentrum der Stadt ausgewählt, um die Bedeutung der Arbeiten und besonders der Aktualisierung und Redefinition von Erinnerungskultur zu unterstreichen. In Köln stellt der Roncalliplatz gleich neben dem Dom einen herausragenden Ort für solch eine Präsentation dar. War der Dom selbst früher in die Fluktuation des städtischen Lebens eingebunden, erhebt die Domplatte aus den 1970er-Jahren das Bauwerk auf einen gigantischen Sockel, um es als Denkmal zu artikulieren, das dem betriebsamen Wandel der Stadt und ihrer immer neuen Entwürfe entzogen ist. Die Domplatte stellt insofern eine Ausnahmesituation in der Stadt her, eine in sich selbst dekontextualisierte wie musealisierte Situation, die alles auf ihr Befindliche erfasst. Museen und Dom, Kirchengeschichte und römisch-germanische Nachlässe lassen mitten in der Stadt ein Freilichtmuseum entstehen, dem sich das *Archiv für ungenutzte Kunst* anschließt.

Damit folgt das Archiv der Syntax der Stadt und formt sie zugleich. Der Platz wird in seiner speziellen Qualität und Funktion sichtbar. Auch die musealen Artikulationsformen werden übernommen und reproduziert. So spiegelt das Archiv die museale Sprache in Gestalt der Präsentations- und Sockelstrukturen, auf denen das Römisch-Germanische Museum im Außenbereich diverse Artefakte städtischer Geschichte zeigt, auf den Roncalliplatz. Nachvollziehbar und analog zur Präsentation historischer Artefakte bietet das *Archiv für ungenutzte Kunst* also eine aktuelle »Ausgrabung« jener Kunst im städtischen Raum, deren inhaltliche Bezüge durch ihre augenscheinliche Dekontextualisierung verschüttet wurden, um sie neu bewerten zu können.

Das Archiv wandelt also dieselben Termini, die zuvor zum »Endlager der Erinnerung«, zur Musealisierung und Archivierung des öffentlichen Raums und seiner Inhalte führten, durch die Umkehrung von deren Direktiven und eine einfache Verschiebung der Syntax in ein aktives wie offenes Spiel der Stadtgesellschaft mit ihren Potenzialen, Begriffen, Erinnerungen und Möglichkeitsräumen. Das, was zuvor als totes Kapital die Ströme der Kunst in der Stadt zu blockieren schien, gerät im Archiv in eine virulente Bewegung und wird wieder zum kreativen Potenzial, an dem die Stadtgesellschaft ihre Diskurse erneut entfalten und präzisieren kann. Damit zeigt das Archiv, dass nicht Mangel und das Fehlen von Möglichkeiten den Stadtraum gesellschaftlich verwaisen lassen. Im Gegenteil, es wird klar, dass vorhandene Potenziale nicht genutzt, vorhandenes Wissen nicht verknüpft und kreatives Denken nicht ausgetauscht wird. Kommt die Stadt zu einer konsequenten Nutzung der in ihr angelegten Möglichkeiten und Potenziale, zu einer innerstädtischen Kommunikation, zu einer Syntax und Sprache, die es versteht, das Vorhandene zu rearrangieren, neu zu deuten und zu aktualisieren, um es mit einer sinnfälligen Choreografie zu versehen, dann zeigt sich die Stadt schon heute als ein Ort neuen Denkens, das vom Archiv in die Zukunft weist.

Schöner Scheitern
Dies alles vorausgesetzt, versuchte *Der urbane Kongress* immer auch, städtische Kommunikations- und Produktionsstrukturen sichtbar zu machen, die manchmal eigentümlichen Wege politischer Entscheidungsprozesse nachzuzeichnen sowie die Arbeits- und Kommunikationswege der Verwaltung zu untersuchen und abzubilden. Oft spiegeln die schwierigen Situationen von Kunst im Stadtraum eine mangelnde innerstädtische Gesprächsbereitschaft, den fehlenden Austausch zwischen verschiedenen Verwaltungsbereichen oder politische Taktiken, die nicht sachorientiert agieren. Unter diesen Gesichtspunkten lohnt eine Betrachtung, weshalb die Versuche, das *Archiv für ungenutzte Kunst* in Köln umzusetzen, letztendlich scheiterten.
Die Sinnhaftigkeit der Realisierung dieses Archivs in Köln ergab sich nicht nur aus den inhärenten Problemen des bearbeiteten Planquadrats, sondern ebenso aufgrund seiner unbestritten nachvollziehbaren und übertragbaren Logik, die sich unter anderem in der Empfehlung des Deutschen Städtetags dokumentiert, jenes Modell auch andernorts anzuwenden. Auf der Ebene dieser Diskurse, die zudem öffentlich und unter starker Resonanz der Presse geführt wurden, fiel es Kulturpolitik und -verwaltung nicht schwer, neben anderen Empfehlungen auch die zur temporären Umsetzung des Archivs auf dem Roncalliplatz zu befürworten. In der Folge wurde diese Zustimmung jedoch in eindrücklicher Weise von der politischen und operativen Realität der Stadt ausgehebelt. Während die entscheidungsberechtigten politischen Gremien der Stadt für die Einrichtung des Archivs votierten, stellte sich die dafür gar nicht zuständige Bezirksvertretung Innenstadt gegen das Vorhaben, weil sie eine Belastung des Platzes durch prekäre Kunstwerke befürchtete. Auch von der ordnungsrechtlichen Verwaltung gab es Bedenken. Sie äußerten sich vor allem in einer Problematisierung des Ausstellungszeitraums, der auf dem Roncalliplatz stark limitiert ist und vor allem dem Weihnachtsmarkt und populären Veranstaltungen vorbehalten zu sein scheint. Die Bedenkenträger, die in der einen oder anderen Weise auf die tatsächlich zuständigen Entscheidungsgremien Einfluss nahmen, erreichten, dass das von der Stadt letztlich selbst beauftragte Projekt – trotz großer Kompromissbereitschaft bei der Wahl des Zeitraums

und des genauen Orts – von eben dieser nicht genehmigt wurde. Dies geschah nicht durch eine klare Entscheidung, sondern durch das Aussetzen einer solchen, bis sich alle möglichen Zeitfenster schlossen.

Das gekonnte Ausweichen vor einer Entscheidung, die – ob ja oder nein – immer auf die eine oder andere Weise unpopulär gewesen wäre, offenbart aufschlussreiche Einblicke in das Unterbewusstsein von parteipolitischer Praxis. Während der theoretische Diskurs, an dem sich der eigene Handlungswillen hervorragend darstellen lässt, willkommen scheint, stellt dessen Realisierung ein Problem dar. Während die Theorie den diskutierten Gegenstand im – politischen – Raum der Verhandlung hält, überführt die Praxis ihn in ein parteiisches Statement, das die Menge in Befürworter und Gegner teilt. Zumal bei einer Mehrheitssuche ist der Zustand der Verhandlung also per se der Raum, der am besten nutzbar ist und von der politischen Ökonomie so lange wie möglich offengehalten wird. Die Umsetzung und Realität der Dinge gehört damit in die Ordnung einer Zeit, in der das Faktische die Grundlage von Macht war, während sie heute derjenige besitzt, der nicht macht, sondern spricht.

Die Ökonomie der unendlichen Erweiterung des Verhandlungsraums zeigt sich auch in den zahlreichen Debatten und Tagungen, Ausschüssen und Diskussionen, die um das *Archiv für ungenutzte Kunst* als eher kleines Projekt im öffentlichen Raum geführt wurden. Ihre für Außenstehende skurril ausufernde Ausdehnung bekommt vor dem Hintergrund der politischen Ökonomie einen Sinn und verweist auf ein Problem. Die Kommunikation dreht sich im Moment der Entscheidungsfindung endlos um sich selbst, produziert dabei einen ausschließlich politischen Diskurs und vermeidet das Objekt, das den Prozess beenden würde. So verschwindet das Archiv im Kreislauf der politischen Aushandlung und wird zum rein theoretischen Objekt politischer Agitation.

Trotz der offensichtlichen Misere, die sich in der sich windenden Vermeidung eines auch öffentlich gewollten Projekts widerspiegelt, kann dieses Scheitern ins Positive gewendet werden, wenn es nämlich gelingt, die Verwerfungen zwischen theoretischem Anspruch und politisch-administrativer Wirklichkeit offenzulegen. Wo die Theorie politisch nachvollziehbar und – kombiniert mit der richtigen Kommunikation – aufmerksamkeitsökonomisch nutzbar erscheint, sieht es in der Praxis in der Tat Anders aus. Vor Ort tritt das Archiv beispielhaft für andere Artefakte und künstlerische Inhalte in Konkurrenz mit andersartigen Bewerbern – wie Weihnachtsmarkt oder Domfest als populäre Veranstaltungen und Citymarketing-Instrumente – um die limitierten Ressourcen von Platz und Aufmerksamkeit im öffentlichen Raum. Ein Weihnachtsmarkt wiegt dabei anscheinend stärker als eine diskursive Plattform zum Thema »Kunst im öffentlichen Raum«. So muss das *Archiv für ungenutzte Kunst* und mit ihm eine notwendige wie kritische Kulturveranstaltung einer anderen alltagskulturellen Praxis weichen.

Wer aus diesen Zeilen kulturpolitischen Zynismus oder Resignation herausliest, liegt allerdings falsch. Die Geschichte des Archivs in Köln zeigt deutlich, wo die Problemzonen innerstädtischer Entscheidungsprozesse liegen. Auch wenn Politik nicht nur den Mehrheitsinteressen folgen sollte, so ist sie diesen trotzdem von Natur aus verbunden und mitunter zu Recht dazu aufgerufen, diese zu wahren. Wenn also insbesondere kulturelle Bereiche, die zum fundamentalen Erbe der Gesellschaft gehören, immer auch Biotope spezifischer Inhalte und Klientelen darstellen, ist umso mehr eine breite kulturelle Bildung gefordert, die wieder ihre Notwendigkeit konstatiert: als kritische Masse und Zeugin der Geschichte, aber auch als Fachdiskurs, in dem die demokratische Verfasstheit der Gesellschaft zum Ausdruck kommt. Denn auch die Erkenntnis, dass unser Demokratieverständnis nicht auf der Durchsetzung von Mehrheiten fußt, sondern auf der Heterogenität, Akzeptanz und Koexistenz verschiedenster Kern- und Randbereiche, Fachdiskurse und Minderheitsthemata, braucht dann und wann Nachhilfeunterricht. Dieser ist wahrscheinlich in einer Kultur wie der Demokratie besser durch Fachdiskurse und ihre Vertreter zu leisten als durch die Politik selbst.

So ist von Politik und Verwaltung nicht so sehr die Durchsetzung von bisweilen unpopulären, wenn auch entscheidenden Projekten zu erwarten, wohl aber die Unterstützung derer, die diese Diskurse in die Gesellschaft tragen und damit die Akzeptanz von Kultur befördern. Dauerhaft kann nur ein Stimmungswandel in der Bevölkerung dazu führen, dass auch Politik und Verwaltung ermutigt werden, Kunst und Kultur öffentlich durchzusetzen. Daran sollten wir vor dem Hintergrund der gewonnenen Erkenntnisse gemeinsam weiterarbeiten. Die Kultur selbst kann darauf hinwirken, die Kunst aus den Museen und Institutionen auf die Straßen und zu den Bürgern zu bringen und der Auseinandersetzung mit dieser mehr Raum zu gewähren. Politik kann dazu beitragen, indem sie ihre Entscheidungskompetenzen mit den Fachleuten teilt, sie an diese übergibt oder deren Empfehlungen konsequent folgt. Verwaltungen können einen solchen Prozess unterstützen, indem sie bürgerliche Teilhabe erlauben, wünschen und befördern, anstatt auf territorialen Gebietshoheiten (auch untereinander) zu bestehen – all das im Sinne eines gemeinschaftlichen Diskurses einer heterogenen, komplexen Stadtgesellschaft.

---

1 | Der Berliner Künstler Florian Slotawa präsentierte 2011 anlässlich der KölnSkulptur#6 unter dem Titel *Kölner Reihe* eine Gruppe von in Reih und Glied stehenden Arbeiten verschiedener Künstler aus der Sammlung des Skulpturenparks wiederum als eigene Arbeit, die auch auf museale und wissenschaftliche Ordnungssysteme referiert.

2 | Die im Jahr 2005 unter dem Titel *Artisan Ltd. Production* in der Ausstellung *Trichtlinnburg* in Maastricht von der Gruppe stadraum.org durchgeführte Studie über die historisch zu erinnernden und tatsächlich erinnerten Erzählungen und Geschichten zu öffentlichen Skulpturen zeigte in eindrucksvoller Weise, wie sich diese Inhalte durch Vergessen, Neuerzählung und Mythenbildung verändern. Gespräche und Befragungen innerhalb des Projekts ergaben, dass die meisten Arbeiten von der Bevölkerung im Laufe der Zeit mit neuen, erfundenen Erzählungen und Interpretationen versehen und dadurch auch die historischen Wahrheiten überschrieben wurden.

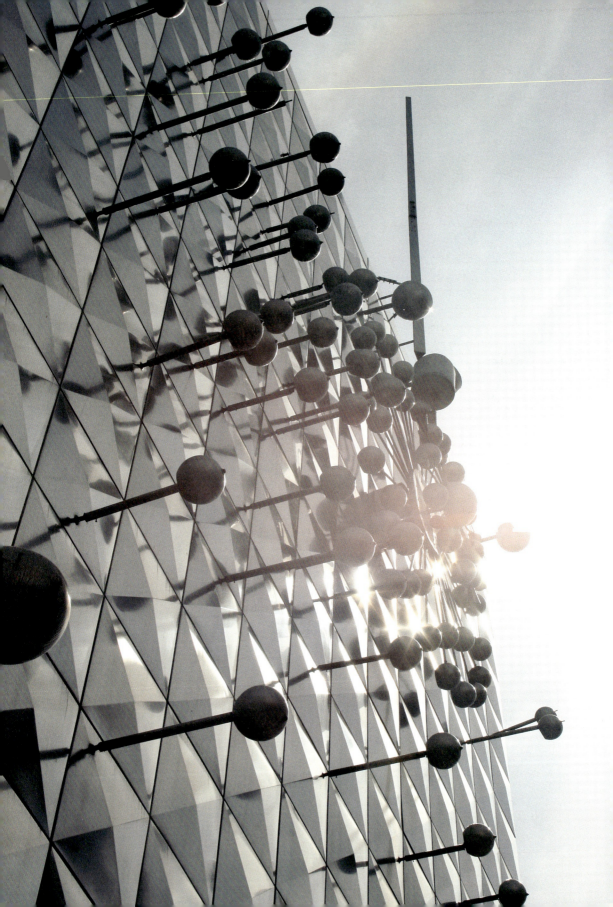

Restaurieren
Licht und Bewegung von Otto Piene

Die kinetische Skulptur *Licht und Bewegung* aus dem Jahr 1966 nimmt im Gesamtwerk des 2014 verstorbenen Künstlers Otto Piene von der Gruppe ZERO eine besondere Stellung ein. Als integraler Bestandteil einer Fassadengestaltung des Architekten Peter Neufert befindet sie sich am ehemaligen Wormland-Herrenbekleidungshaus in der Fußgängerzone Hohe Straße unweit des Kölner Doms. Hier reiht sich ein Geschäft an das andere, und die schmale Straße wird von Markenlabels und Werbeelementen dominiert. Schon deshalb ist Pienes Arbeit für das Wormland-Gebäude von besonderer Bedeutung, denn es wurde in enger Zusammenarbeit zwischen Bauherr, Architekt und Künstler konsequent auf Firmenlogo oder Namenszug zugunsten des Kunstwerks verzichtet.

Auf die Initiative für eine Restaurierung und Wiederinbetriebnahme der Arbeit, die zwar komplett erhalten, aber seit vielen Jahren weder beleuchtet noch in Bewegung ist, reagierte die Wormland-Stiftung als Eigentümerin jedoch zunächst unzugänglich bis ablehnend. Demgegenüber standen eine große öffentliche Aufmerksamkeit, die durch das Projekt *Der urbane Kongress* seit 2012 erzeugt worden war, und das Engagement für die Instandsetzung dieser Arbeit von mehreren Seiten der Stadt, einschließlich der Unterstützung durch das Kulturdezernat und den Landschaftsverband Rheinland. Besonders auf die Initiative dieses Projektes hin hat der Stadtkonservator mittlerweile die gesamte Fassade mit dem Werk unter Denkmalschutz gestellt. Dadurch ist auch das Gespräch mit der Wormland-Stiftung wieder in Gang gekommen, und es konnten konkrete Schritte zur Wiederinbetriebnahme vereinbart werden. Das zweite Leben der Skulptur, als bewegtes und leuchtendes Objekt in seiner ursprünglichen Gestalt und Funktionsweise, ist in greifbare Nähe gerückt und wird sicherlich wieder zu einem ungewöhnlichen (Kunst-)Erlebnis in diesem Stadtraum beitragen.

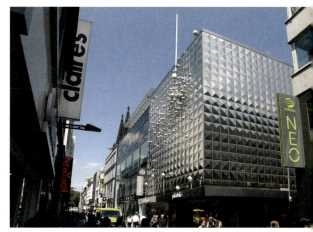

SARAH CZIRR

»Mein höherer Traum betrifft die Projektion des Lichts in den großen Nachthimmel«[1]

Wenige Jahre bevor 1972 die programmatische Schrift der Postmoderne *Learning from Las Vegas* von Robert Venturi, Denise Scott Brown und Steven Izenour erschien, hatten Unternehmer wie Theo Wormland längst begriffen, welche Rolle Architektur in einer »Gesellschaft des Spektakels«[2] übernimmt. Kaufhäuser mussten sich »blitzneu«, »jung, größer«[3] präsentieren, um die Schaulust der Kunden zu wecken. Die Realität der Architektur war in einer schönen, neuen Warenwelt angekommen, und die ehemaligen Ideale einer ornamentfreien, funktionalen Architektur eines Adolf Loos' oder des Bauhauses wurden verworfen. Die klassische Moderne wurde zur Postmoderne. Mit ihren zwei wichtigsten Bekenntnissen richtete sich die Postmoderne gegen die Leitsätze der Vergangenheit: Aus »form follows function« von Louis Sullivan wurde »form follows fiction«, und aus »less is more« von Mies van der Rohe wurde »less is bore«. Bereits 1966 schrieb Venturi: »Die Architekten können es sich nicht länger mehr leisten, durch die puritanisch-moralische Geste der orthodoxen modernen Architektur eingeschüchtert zu werden. […] Ich ziehe eine vermurkste Lebendigkeit einer langweiligen Einheitlichkeit vor. […] Mehr ist nicht weniger!«[4]
Viele dieser von den Theoretikern der Postmoderne formulierten Prinzipien[5] lassen sich bei dem Bau des Kaufhauses in der Hohen Straße, Ecke Salomonsgasse in Köln, einem Geschäft für Herrenbekleidung des Unternehmers Theo Wormland, wiederfinden.[6] Als Architekt und Bauleiter konnte man 1965 Peter Neufert gewinnen, um den Umbau und die Modernisierung des Gebäudes von Gerd Lichtenhahn aus den 1950er-Jahren zu entwerfen und durchzuführen. Vor allem galt es, das Kaufhaus in ein neues Gewand zu hüllen. Hierzu sollte auch Otto Pienes Plastik *Licht und Bewegung* beitragen. Die Neugestaltung mit einer sogenannten Vorhangfassade war aus ökonomischen Gründen entscheidend für Wormland, da hierdurch mehr Platz für die Darbietung und für den Vorrat der Waren an den Außenwänden geschaffen wurde und die Verkaufsfläche ausgedehnt werden konnte. Die Außenwirkung prägte Neufert durch eine glaslose Kassettenfassade[7], bestehend aus facettierten quadratischen Edelstahltafeln, wodurch ein kristalliner und plastischer Eindruck entsteht. Mit der Verwendung aufsehenerregender und modernistischer Materialien wie Edelstahl oder auch Aluminium[8] nutzte man die Fassade bereits durch ihre rein architektonische Gestaltung als Medium. Architektur wurde zu einem Markenzeichen der Besitzer, zur *signature*.[9] Ein »dekorierter Schuppen«[10] – um ein weiteres Schlagwort der postmodernen Architekturtheorie zu verwenden – präsentierte

sich dem Konsumenten als Warentempel. Die glänzende Oberfläche der Fassade war und ist Sinnbild kapitalistischer Versprechungen in einer Industriegesellschaft, die Herbert Marcuse 1964 in *Der eindimensionale Mensch* als ein die Bedürfnisse der Menschen mit den Mitteln der Werbung manipulierendes System analysierte. Man vertraute bei Wormland voll und ganz auf die Wirkung äußerer Hüllen – wo sonst, wenn nicht bei einem Modeverkäufer.

Scheinen diese historischen Verweise auf den ersten Blick bemüht oder gar übertrieben kritisch, so ist man angesichts der zur Eröffnung des Gebäudes angefertigten Pressemappe erstaunt und wird sogar bestätigt, wie unverhohlen deren Sprache ist, die einer ideologiekritischen Entlarvung gar nicht mehr bedarf. Insgesamt werden darin in erster Linie die praktischen Aspekte der Architektur – Klimatisierung, Beleuchtung, Raumnutzung, Staubfreiheit – betont, weniger die architektonischen beziehungsweise künstlerischen Werte.[11] Das Haus wird als »praktisch durchorganisiert«[12] angepriesen. In der Baubeschreibung heißt es weiter: »In Wahrheit ist ein solches Gebäude mit all seinen Einrichtungen eine Großraummaschine mit dem einzigen Zweck, dem Verkaufspersonal die Arbeit und der Kundschaft das Kaufen angenehmer, leichter und schneller zu ermöglichen.«[13] Hierin verkehrt sich der Funktionalismus des Bauhauses zu einer kapitalistischen Verkaufslogik, einer Logik, die auch die Erkenntnisse über eine »Ökonomie der Aufmerksamkeit«[14] vorwegnimmt. Die Beschreibung der Plastik Pienes bezüglich des Programms der elektronischen Zeitschaltung endet mit dem einmal mehr entlarvenden Satz: »Seine Dauer entspricht der Zeit, während derer die Aufmerksamkeit eines auf der Hohe Straße Vorbeigehenden angesprochen werden kann.«[15]

Wer ist nun dieser Auftraggeber Theo Wormland, bei dem alles »Programm«[16] ist? In der von der Theo-Wormland-Stiftung veröffentlichten Biografie kann man lesen: »Der im Jahre 1907 in Gladbeck geborene Gründer der WORMLAND-Unternehmen stand für Ehrgeiz, Neugier, Weltoffenheit und Innovationskraft: Theo Wormland [...] der Modemacher, der Perfektionist, das Vorbild.«[17] Diese Sicht auf die Person Wormland wurde bereits zum Entstehungszeitpunkt des Kaufhauses mit ähnlichen Worten formuliert. Nach seinem über mehrere Jahre dauernden Aufenthalt in den USA »war er so aufgeladen mit neuen Ideen, daß er nach Eröffnung seines Herrenbekleidungshauses in Hannover weiterhin als Schrittmacher angesehen wurde«[18]. In seinen Geschäften wurde »Herrenkleidung der WELTKLASSE«[19] verkauft. Extra hervorgehoben werden seine Förderung bildender Künstler und seine im eigenen Haus eingerichtete Privatgalerie: »So rundet sich das Bild: Ein avantgardistischer Botschafter der Herrenmode; ein weitgereister Mann, der in der Branche Achtung und Ruf genießt; ein Mann, der aufgeschlossen ist für die bildende Kunst von heute.«[20] Und so schien es für ihn selbstverständlich – anerkennend vom Architekten gewürdigt[21] –, dass sich dies in der Architektur widerspiegelte. Wormland hatte ein an der Kunst geschultes Auge, das er sich auch für seine Selbstvermarktung zunutze machte.

Wie zur Begründung, warum man sich für Piene als ausführenden Künstler entschieden hatte, werden zu Beginn seiner in der Pressemappe beigelegten Biografie Zitate aus der Presse angeführt, die ihn als einen der »Führer der internationalen kinetischen Bewegung« und als »Motor der ZERO-Gruppe«[22] ausweisen. Zum Zeitpunkt des Auftrags von Wormland im Mai 1966[23] hatte sich Piene bereits international etabliert: Das selbstbestimmte Ende von ZERO stand kurz bevor, und zahlreiche Gruppen- und Einzelausstellungen in Europa und den USA – beispielsweise die Teilnahme an der documenta III im Jahr 1964 oder die Ausstellungen in Antwerpen 1959, Zagreb 1961, Amsterdam 1962 oder in New York, Philadelphia und London 1964 – lagen hinter ihm. Er war gemeinsam mit Heinz Mack Herausgeber dreier Ausgaben der Zeitschrift *ZERO*, und an der Graduate School of Fine Arts der University of Pennsylvania übernahm er 1964 eine Gastdozentur.

Es verwundert demnach nicht, dass Wormland und Neufert für dieses Projekt Piene auswählten. Auch mit ihm wollte man werben. Sein Werk sollte »den modernen Geist der Firma Wormland widerspiegel[n]«[24], heißt es in der einseitigen Beilage der Pressemappe zur Plastik. Durch Fettdruck weist man hier auf den vermeintlich entscheidenden Aspekt hin: Das Werk ist »die bis heute größte kinetische Plastik«[25]. Man verzichtete sogar auf den Namenszug »Wormland« sowie auf jedwede Reklamezeichen am Gebäude, heißt es weiter.[26] Dies schien nicht von Anfang an so geplant gewesen zu sein.[27] Piene wollte eine Leuchtreklame in den Farben des Regenbogens gestalten, ein Motiv, das er zu verschiedenen Gelegenheiten – sei es in seinem Vortrag *Tomorrow and the Rainbow* an der Havard University 1966 oder bei seinem *Sky Event* für die Olympischen Spiele in München 1972 – verarbeitete.

Erste Formen kinetischer Lichtplastiken, seine berühmten *Lichtballette*, schuf er schon Ende der 1950er-Jahre. Zunächst handbetrieben, später mit Elektromotoren versehen, wird durch sich bewegende Metallschablonen Licht in einen dunklen Raum projiziert. Daraus entwickelte sich eine weitere Form der Lichtplastiken, wofür beispielhaft neben *Licht und Bewegung* das Werk *Corona Borealis* aus dem Jahr 1965 genannt werden kann. Dieses besteht aus einem kugelförmigen Aluminiumkörper, dessen Oberfläche rundherum mit Glühbirnen bedeckt ist, die nach einer festgelegten Programmierung aufleuchten. Das Statische einer Plastik wird dadurch entgrenzt. Vor dem Projekt in Köln stellte er sich 1964/65 mit seiner programmierbaren Lichtplastik für das Stadttheater Bonn den Herausforderungen architekturbezogenen Arbeitens[28]. Den Einbezug technischer Mittel kommentierte Piene folgendermaßen: »Die Technik, die Wissenschaft, die Geschwindigkeit sind Erscheinungen, die man nicht aus der Welt herausdichten kann, sondern die man im Gegenteil in sie hineindichten muß, damit sie zu einem selbstverständlichen Bestandteil ihrer Fülle werden.«[29]

Die Eroberung des Raums durch (bewegtes) Licht – die »Flutung«[30], wie er es nannte – wurde zu einem Hauptthema in seinem Gesamtwerk und Licht hierbei zum eigentlichen Werkstoff. »Und das Licht ist da und dringt überall hin [...]«[31], so Piene 1959.

Der von ihm festgelegte Titel *Licht und Bewegung* für das Kölner Werk verweist indirekt auch auf die Geschichte von ZERO, denn so hießen schon die Abteilung der documenta III 1964 sowie die Ausstellungen in der Galerie Diogenes in Berlin und in der Kunsthalle Bern 1965. Letztlich bestimmt dieses Begriffspaar wie kaum ein anderes die konzeptionellen Ideen der ZERO-Kunst.
Die Plastik von Piene vereint die Elemente Licht und Bewegung gleichermaßen: Eine elektronische Zeitschaltung legt in einem Rhythmus aus 36 Schritten und dreisekündigen Pausen fest, wie 27 Aluminiumstangen mit Kugelreflektoren, 20 Lichtpunkte – ebenfalls an Stangen – und zwei überlagerte, sich gegenläufig zueinander drehende Lichtspeichen leuchten und sich bewegen. Das Zentrum bilden die um eine gemeinsame Achse rotierenden Lichträder. Diese werden zudem durch verschiedene Scheinwerfer angestrahlt. Die Facettierung der Fassade bietet eine größtmögliche Reflektionsfläche, von der das Licht in alle Richtungen strahlen kann.
Im Stillstand funktioniert das Fassadenbild wie ein Ornament, bei dem die Plastik als Muster vor einem Grund, bestehend aus den pyramidalen Edelstahlplatten, erscheint. Piene setzte mit den Rädern den optischen Schwerpunkt – die imaginierte Diagonale des Fassadenrechtecks verläuft durch die Nabe – im oberen Viertel. Die Rasterstruktur konterkarierend, was ebenfalls durch die Kugel- und Radformen geschieht, verteilte er die einzelnen Elemente wie zufällig auf den Stahlflächen.
Otto Pienes Arbeit ist jedoch kein Bauornament, sondern eine kinetische Lichtplastik. Wenn Licht und Bewegung nicht länger die Erscheinung des Werks bestimmen, ist es seiner Wirkkraft beraubt. Der Titel der Plastik ist mehr als ein Name, er ist Programm. Schon damals wurde von den Bauherren darauf hingewiesen, dass die Plastik durch die Verwendung von Scheinwerfern über die Grenzen der Architektur hinausweist und als ein »Feld fluktuierender Kräfte«[32] verstanden werden kann. Dies entspricht ganz Piene: »Wenn ich das Licht und einige seiner Erscheinungs- und Wirkungsweisen als Medium meiner Arbeit verwende, so meine ich viel eher seine vitale Bedeutung.«[33] Das heute von einer anderen Bekleidungskette gemietete Kaufhaus – und so auch die Arbeit Pienes – befindet sich im Besitz der Theo Wormland-Stiftung. Die Plastik müsste neu instand gesetzt werden. Erfolgreich geschah dies 2014 für ein vergleichbares Werk von Piene, *Silberne Frequenz*, in Münster. Man kann deshalb nur hoffen, dass sich der performative Akt von vor rund 50 Jahren wiederholen wird und es wieder heißt: »Ich bitte dann Herrn Oberbürgermeister, die Lichtplastik in Bewegung zu setzen [...].«[34]

1 | Piene, Otto: »Wege zum Paradies«, in: *ZERO*, Nr. 3, 1961, als Nachdruck in: *4 3 2 1 ZERO*, hrsg. von Dirk Pörschmann und Mattjis Visser, Düsseldorf 2012, o. S.
2 | Titel des Hauptwerks des französischen Künstlers und Philosophen Guy Debord aus dem Jahr 1967, das sich kritisch mit der Konsumgesellschaft auseinandersetzte und großen Einfluss auf die Studentenbewegung hatte.
3 | Werbeanzeige in der Pressemappe, mkp.ZERO.2.VII.8_2, ZERO foundation, Düsseldorf, o. S.
4 | Venturi, Robert: »Komplexität und Widerspruch in der Architektur«, 1966, in: *Vorabdruck für Bauwelt-Fundamente*, Bd. 50, hrsg. von Heinrich Klotz, Braunschweig 1978, S. 60–63, hier: S. 60 f.
5 | Andere Aspekte der Postmoderne wie der Rückgriff auf historische Stile – vor allem auf die klassizistische Architektursprache – oder die Integration in schon bestehende Architekturgefüge kommen hier nicht zum Tragen.
6 | In den Archivalien der ZERO foundation, Düsseldorf, Nachlass Otto Piene, finden sich Informationen zur Architektur des Kaufhauses und zu seinem Architekten. Sie geben ebenfalls Einblicke in die verschiedenen Phasen des künstlerischen Entwurfs und die technische Konstruktion der eigens von Otto Piene für diesen Bau angefertigten Plastik *Licht und Bewegung*, aber auch über die Zusammenarbeit zwischen Piene, Wormland, dem Architekten und der Stadt Köln. Eine höchst aufschlussreiche Quelle bietet die zur Eröffnung des Hauses zusammengestellte Pressemappe, aus der man nicht nur Sachinformationen entnehmen kann, sondern die auch das damalige Selbstverständnis der Firma Wormland dokumentiert.
7 | Die Ästhetik der Kassettenfassade entwickelte der Architekt Egon Eiermann für seine Horten-Fassaden in den 1960er-Jahren; sie stellen einen frühen Versuch einer *Corporate Identity* durch Architektur dar.
8 | Monika Wagner spricht beim Material Aluminium vom »Signum der Raumfahrt« und betont somit die Assoziationen von Fortschrittlichkeit und Modernität. Wagner, Monika: *Das Material der Kunst. Eine andere Geschichte der Moderne*, München 2001, S. 257.
9 | Christoph Kronhagel nähert sich diesen Phänomenen mit dem Begriff der Mediatektur: »Mediatektur ist, was die Architektur der Moderne nicht sein darf: konditionierend, temporär und dekorativ.« Ders.: »Zum Begriff ›Mediatektur‹«, in: http://www.kronhagel-mediatecture.de/downloads/mediatektur.pdf [02.02.2015].
10 | Venturi, Robert, Denise Scott Brown und Steven Izenour: *Lernen von Las Vegas. Zur Ikonografie und Architektursymbolik der Geschäftsstadt*, Braunschweig 1979, S. 104.
11 | Vgl. Baubeschreibung in der Pressemappe, mkp.ZERO.2.VII.8_9, ZERO foundation, Düsseldorf, o. S.
12 | Biografie Theo Wormland in der Pressemappe, mkp.ZERO.2.VII.8_8, ZERO foundation, Düsseldorf, o. S.
13 | Baubeschreibung in der Pressemappe, mkp.ZERO.2.VII.8_10, ZERO foundation, Düsseldorf, o. S.
14 | Franck, Georg: *Ökonomie der Aufmerksamkeit. Ein Entwurf*, München 1998.
15 | Beschreibung der Plastik *Licht und Bewegung* von Otto Piene in der Pressemappe, mkp.ZERO.2.VII.8_12, ZERO foundation, Düsseldorf, o. S.

16 | Ansprache Theo Wormlands zur Eröffnung am 23.09.1966 in der Pressemappe, mkp.ZERO.2.VII.8_6, ZERO foundation, Düsseldorf, o. S.
17 | http://www.wormland.de/unternehmen/about/theo-wormland [02.02.2015].
18 | Biografie Theo Wormland in der Pressemappe, mkp.ZERO.2.VII.8_7, ZERO foundation, Düsseldorf, o. S.
19 | Werbeanzeige in der Pressemappe, mkp.ZERO.2.VII.8_2, ZERO foundation, Düsseldorf, o. S.
20 | Biografie Theo Wormland (wie Anm. 18).
21 | Vgl. vermutliche Ansprache Peter Neuferts zur Eröffnung des Kaufhauses am 23.09.1966, mkp. ZERO.2.VI.25_1, ZERO foundation, Düsseldorf, S. 1.
22 | Biografie Otto Piene in der Pressemappe, mkp.ZERO.2.VII.8_4, ZERO foundation, Düsseldorf, o. S.
23 | Vgl. Beschreibung der Plastik *Licht und Bewegung* von Otto Piene (wie Anm. 15).
24 | Ebd.
25 | Ebd.
26 | Vgl. Baubeschreibung in der Pressemappe (wie Anm. 11).
27 | Vgl. Brief von Peter Neufert an Otto Piene vom 10.08.1966 und Antwort von Otto Piene an Peter Neufert vom 14.08.1966, mkp.ZERO.2.I.1665_1 und mkp.ZERO.2.I.1666, ZERO foundation, Düsseldorf.
28 | Piene hat sich sein Leben lang mit Architektur beschäftigt. Vgl. Grothe, Nicole: »Otto Piene. Public Artist. Arbeiten für den öffentlichen Raum«, in: *Otto Piene: spectrum*, hrsg. von Kurt Wettengl und Nicole Grote, Ausst.-Kat. Museum am Ostwall, Dortmund 2008, S. 65–86, hier: S. 69.
29 | Storck, Gerhard: »Aus dem Leben eines Künstlers …«, in: *Otto Piene*, Ausst.-Kat. Kölnischer Kunstverein, Köln 1973, S. XIV–XXI, hier: S. XVIII.
30 | Vgl. Piene, Otto: »Über die Reinheit des Lichts«, in: ZERO, Nr. 2, 1958, als Nachdruck in: *4 3 2 1 ZERO*, hrsg. von Dirk Pörschmann und Mattjis Visser, Düsseldorf 2012, S. 24–27, hier: S. 27.
31 | Piene, Otto: »Lichtballett«, 1960, in: *Zero. Bildvorstellungen einer europäischen Avantgarde 1958–1964*, hrsg. vom Kunsthaus Zürich, Ausst.-Kat., Stuttgart 1979, S. 56.
32 | Beschreibung der Plastik *Licht und Bewegung* von Otto Piene (wie Anm. 15). Nach dortigen Angaben konnte man den Scheinwerfer bei günstigem Wetter bis zu 100 Kilometer weit sehen.
33 | Otto Piene in einem Interview, zit. nach: Claus, Jürgen: *Kunst heute. Personen, Analysen, Dokumente*, Reinbek 1965, S. 149.
34 | Ansprache Theo Wormlands zur Eröffnung am 23.09.1966 (wie Anm. 16).

So sieht die neue Wormland-Fassade mit der kinetischen Plastik ›LICHT UND BEWEGUNG‹ aus.

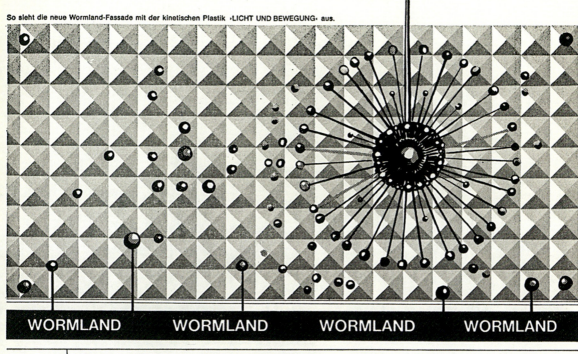

WORMLAND   WORMLAND   WORMLAND   WORMLAND

Morgen Samstag punkt 9 Uhr wird Wormland neu eröffnet - blitzneu! Alles was Das Haus der Herrenkleidung darzubieten hat: blitzneu.

Blitzneu innen und außen. Die
— Fassade
— Schaufenster
— Beleuchtung
— Klimaanlage
und und und
— die Herrenmoden

WELTKLASSE

Hand in Hand mit Designern von Weltgeltung und Modenwerkstätten hohen Ranges stellt Theo Wormland sein Programm der Wormland-WELTKLASSE 66/67 vor. Das Haus ist vom Keller bis zum Dach prall voll mit kultivierten Herrenmoden. Nehmen Sie es wahr. Gleich morgen.

WORMLAND

Haus der Herrenkleidung · Köln Hohe Straße

Letzte Runde
Stammtisch zur aktuellen Lage

Ein zentrales Element des Projekts *Der urbane Kongress* war von Anfang an die öffentliche Kommunikation. Die einzelnen Phasen und Zwischenstände wurden nicht nur im Internet auf einer eigenen Website kontinuierlich dargestellt, sondern auch während der Umsetzungsaktivitäten bei zwei großen Veranstaltungen nochmals thematisiert.
Im Sommer 2013 wurde zu einer Diskussionsrunde in das Museum Ludwig eingeladen, um unter dem Titel *Anspruch und Wirklichkeit* den Fortgang, die Wirksamkeit und die mittel- bis langfristige Bedeutung des Projekts zu erörtern. Die eingeladenen Gesprächsteilnehmer waren neben Andreas Kaiser, dem damaligen Vorsitzenden des Kunstbeirats der Stadt Köln, Katja Aßmann, die künstlerische Leiterin von Urbane Künste Ruhr, Katia Baudin, die stellvertretende Direktorin des Museum Ludwig, der in Köln lebende Künstler Lutz Fritsch, Monika Hallstein als Vertreterin des Stadtplanungsamts der Stadt Köln und der für die Neugestaltung der Domumgebung zuständige Architekt Ludwig Wappner. Moderiert wurde das Gespräch von der Kulturjournalistin und Kuratorin Claudia Dichter. Erste Erfolge, vielversprechende Zwischenergebnisse und positive Entwicklungen wurden ebenso behandelt wie strukturelle Problemlagen, widerstreitende Interessen und das ganz eigene Handlungstempo von komplexen administrativen, institutionellen und politischen Apparaten. Im Herbst 2014 wurde dann Bilanz gezogen und die *Letzte Runde* ausgerufen: *Der urbane Kongress* lud zu einem erneuten Rundgang durch das Planquadrat mit einem Besuch der neuralgischen Stellen ein und bat anschließend in das Brauhaus Sion zu einem öffentlichen »Stammtisch«-Gespräch über den finalen Stand der Dinge – der natürlich alles andere als endgültig ist oder sein kann. Begleitet und moderiert wurden der Spaziergang wie die Diskussion von dem Publizisten und Stadterzähler Martin Stankowski, der ganz im Sinne von Stammtisch und letzter Runde mit dafür sorgte, dass hier in sehr kölscher Brauhaus-Atmosphäre nochmals, bei einigen Punkten auch erstmals Tacheles geredet wurde. Eingeladen waren die Kunsthistorikerin und ehemalige Vorsitzende des Kunstbeirats Barbara Hess, der Bürgermeister des Bezirks Innenstadt Andreas Hupke sowie Susanne Titz, die Direktorin des Museums Abteiberg in Mönchengladbach. Mit dabei waren aber auch Politiker, Angehörige von Verwaltung und Institutionen und viele gleichermaßen interessierte wie engagierte Bürger, die sich rege an der teilweise heftig geführten Debatte beteiligten. Die von den Veranstaltern formulierten Leitfragen »Ist die Stadtgesellschaft noch gemeinschaftlich handlungsfähig, oder bremsen sich die unterschiedlichen Interessen gegenseitig aus? Wie operieren Politik und Verwaltung im öffentlichen Raum? Nehmen private

Eigentümer und Investoren ihre Verantwortung für den Stadtraum wahr, oder nutzen sie ihn lediglich für eigene Zwecke?« wurden anhand der konkreten Maßnahmen und ihrer jeweiligen Resultate oder auch Entwicklungsstände verhandelt. Hier musste nun von verschiedenen Beteiligten Farbe bekannt werden, Erklärungen für Gelingen wie Misslingen von Vorhaben wurden kritisch betrachtet, Argumente für oder gegen Maßnahmen des Projekts auf ihre Stichhaltigkeit hin überprüft. Es war eine *Letzte Runde*, die jedoch mehr ergab als nur »gut, dass wir mal darüber gesprochen haben«. Jetzt, Mitte 2015, lässt sich in der Rückschau sagen: Öffentliche Debatten, gewachsenes Interesse und erweiterte Kompetenz, Lernprozesse auf allen Seiten, neue politische Akteure mit einem anderen Informationshintergrund und stärkeren kulturellen Verbindungen haben nochmals Bewegung in die betriebenen Umsetzungsvorhaben gebracht und dem Gesamtprojekt *StadtLabor für Kunst im öffentlichen Raum* zusätzlichen Schub verliehen – und damit der so entscheidenden Fortführung des Begonnenen.

Alles andere wäre allerdings auch mehr als unbefriedigend, denn es ist mit relativ bescheidenen Mitteln viel für den Umgang mit Kunst im öffentlichen Raum erreicht worden. So zumindest beurteilen das Kenner der Materie, die aus anderen Städten auf Köln blicken.

Abb. S. 181–183
Öffentlicher Rundgang und Veranstaltung im Brauhaus Sion mit Fachleuten, Politikern und Bürgern, moderiert von Martin Stankowski

Anspruch und Wirklichkeit
Ein Resümee zur Umsetzungsphase

Nach der erfolgreich durchgeführten ersten Projektphase war die Stimmung euphorisch. Die Markierungen, Rundgänge und Gespräche hatten so viel Interesse am Thema Kunst und Stadt geweckt, dass die exemplarische Umsetzung einiger Vorschläge nicht nur folgerichtig, sondern zwingend notwendig erschien. *Der urbane Kongress* hatte immer wieder betont, wie elementar die Aktivierung einer Debatte und die Gespräche mit und in der Bürgerschaft für einen solchen Diskurs sind, auf diesen aber auch konkretes Handeln folgen muss. Denn die Umsetzung der erarbeiteten Vorschläge als reale Veränderung im Stadtraum ist, gerade in Zeiten zunehmender Virtualität, eine neuralgische Schwelle. Wo schillernde Begriffe wie »Meinungsbildungskultur«, »Entscheidungsfindungsprozesse« und »Möglichkeitsräume« jenen Raum der Verhandlung beschreiben, der Politik, Ökonomie und auch Verwaltung als Spielraum dient, wird die Evaluation durch Umsetzung beendet. Aus der Diskussion wird eine Position, deren Vertretung die Übernahme von Verantwortung fordert und gegebenenfalls Antagonismen erzeugt.

Politik und Aufmerksamkeitsökonomie verharren deshalb gerne im Zustand der Verhandlung. So erklärt sich, warum beim besten Willen auf die Diskussion nur selten eine Handlung folgt. Denn eines ist sicher: Die Debatte um den Bestand von Kunst im öffentlichen Raum flammt turnusmäßig immer wieder auf, führt aber nur selten zu konkreten Ergebnissen. Die abgegriffene ironische Frage »Ist das Kunst, oder kann das weg?«, die gleichermaßen in der *Frankfurter Allgemeinen Zeitung* und im *Express* bei der Berichterstattung zum Projektbeginn wieder aufgewärmt wurde, trivialisiert den Wunsch auch vieler Kunsthistoriker nach Ordnung und Klarheit in der bunten Gemengelage öffentlicher Kunst. Sie verweist zudem auf eine häufig bemühte Aufräumrhetorik, die sich am Diktum der Qualität festmacht und mit der man zunächst nahezu alle hinter sich bringt. Qualität an sich ist jedoch als großer gemeinsamer Nenner nur brauchbar, solange sie abstrakt bleibt und sich nicht spezifizieren muss. Die mutmaßliche Gemeinsamkeit verkehrt sich in Pro und Contra, sobald sich die Qualitätsfrage in konkrete Urteile verwandelt. Spätestens beim ersten weggeräumten Objekt endet der Konsens, und die Klage des Künstlers, seiner Fangemeinde oder seiner Erben und Rechtsnachfolger droht. Denn bekanntlich scheidet die Frage, was gut ist und was nicht, die Geister – eine Tatsache, die das Problem der Mehrheitsfähigkeit von Entscheidungen ins Spiel bringt.

Zielsicher hat *Der urbane Kongress* den heiklen Fall *Kreuzblume* fokussiert. Auch wenn sich Experten, Anrainer und Politiker einig waren, dass dieser »Stehenbleiber« als städtisches Artefakt keinen besonderen Wert hat und zudem die Sichtachse auf das Hauptportal des Weltkulturerbes Dom verstellt, wollten sich Teile der Politik in der Praxis nicht so richtig zu dem bekennen, was sie in der Theorie befürworteten. Denn in der Volks- und Wählermeinung wurde tendenziell der Alltags- und Gebrauchswert des Objekts betont, und eine faktische Entscheidung zur Versetzung schien sich letztendlich als unpopulär und konfrontativ zu erweisen.

Ähnlich verhielt es sich beim *Archiv für ungenutzte Kunst*. Die Idee, die von allen Seiten begrüßt wurde und der Stadt Köln bis in den Deutschen Städtetag hinein Lorbeeren einbrachte, stellte die politische Praxis vor unlösbare Probleme. Was in der Theorie als hervorragend galt, löste in der Umsetzung bei einigen Volksvertretern die Befürchtung einer »Kunst-Rumpelkammer« im Herzen der Stadt aus, die kein argumentatives Gespräch ausräumen konnte. Die Schockstarre, die sich in einer gezielt organisierten Entscheidungslosigkeit auf politischer Ebene ausdrückte, zeigte umso mehr die Tendenz, doch lieber in der Virtualität der Diskurse zu verharren, als sich mit der Realität der Dinge (offen kontrovers) auseinanderzusetzen.

Dabei erscheint die oft geforderte stadtgesellschaftliche Debatte in einem anderen Licht. Wenn diese nicht zu Handlungen führt, bleibt der jeweilige Gegenstand – in diesem Fall die Kunst im öffentlichen Raum – ein beliebiges Objekt für einen Diskurs um seiner selbst willen, ohne Folgen beziehungsweise mit einem gesuchten Konsens, der verändernde Konsequenzen meidet.

Vielleicht artikuliert der dritte Fall in der Umsetzungsphase diese Systematik am deutlichsten. Die einzige faktische Veränderung, die *Der urbane Kongress* letztendlich während seiner Laufzeit bewirken konnte, ist der Denkmalschutz für die kinetische Plastik *Licht und Bewegung* von Otto Piene – was wiederum rein theoretisch ist. Denn der Denkmalschutz – so wichtig er auch ist und so sehr er als großer Erfolg des Projekts gelten kann – ist zwar eine administrative Handlung, bleibt aber zunächst ohne weitere Folgen. Die Weigerung der Wormland-Stiftung als Eigentümerin dieser Arbeit über deren angestrebte Restaurierung zu kommunizieren, gipfelte in dem Versuch, die Unterschutzstellung auf das Fassadenobjekt als solches zu beschränken, also auf *Licht und Bewegung* ohne seine lichtkinetische Funktion. Das wurde zurückgewiesen, und die Arbeit ist mittlerweile in ihrem gesamten Umfang, einschließlich der Fassade, als Denkmal registriert. Aber letztlich wurde auch hier von der Stadt gehandelt, ohne faktisch zu handeln. Das Handeln wurde vielmehr zwangsweise zu einem privaten Eigentümer verschoben, da es im vorliegenden Fall, entsprechend der Verantwortlichkeit, gar nicht anders möglich war.

Am Ende zeigt sich das allbekannte »Schön, dass wir darüber gesprochen haben!« als verlässlicher Fixstern im städtischen Kosmos. Bezeichnenderweise wurde bei der *Letzten Runde*, dem finalen öffentlichen Gespräch im symbolträchtigen Stammtischformat, die damit (für die Projektautoren) eigentlich beendete Diskussion erneut aufgegriffen. So haben sich – zugegebenermaßen neue – Mitglieder der Bezirksvertretung des Themas Versetzung der *Kreuzblume* wieder angenommen. Und auch dem auf politischen Wunsch hin in den Mühlen der Verwaltung zerriebenen *Archiv für ungenutzte Kunst* wird neue, aktive Unterstützung zuteil.

Ist das, was hier als Endlosschleife erscheint, nun als Scheitern zu bewerten? Oder ist es schlicht und einfach Teil eines komplexen Prozesses zwischen Aufmischen und Sedimentieren, eine spiralartige Bewegung, die sich trotz ständiger Wiederholung unmerklich, aber stetig vorwärts bewegt? *Der urbane Kongress* ist von Letzterem überzeugt. Ob ewige Wiederkehr oder Gebetsmühlendiskurs: Im Gespräch verändern sich die Dinge untergründig, bis das Ergebnis – manchmal eruptiv – zutage tritt. Köln hat sich durch das Projekt *Der urbane Kongress* verändert, auch wenn (bis zum Redaktionsschluss) noch alles an Ort und Stelle steht. Die Bürger, Akteure und Politiker der Stadt sehen die Dinge schon etwas anders, und eines nicht allzu fernen Tages dreht sich *Licht und Bewegung* wie damals (auch das eine ewige Wiederkehr), wird die *Kreuzblume* am Haken hängen und vielleicht in die Eifel umziehen (eine wirklich neue Perspektive für das ungeliebte Objekt) und wird das *Archiv für ungenutzte Kunst* zum Ort für eine Kunst, die uns damals im Jahr 2014 als problematisch erschien – aber bis dahin schon wieder »up to date« geworden sein wird, denn: The times they are a-changin'.

Autorenbiografien

Markus Ambach (* 1963)
ist Künstler, Kurator, Autor und Initiator zahlreicher Kunstprojekte und Ausstellungen speziell in öffentlichen Räumen. Er studierte an der Kunstakademie Düsseldorf und gründete 2002 die Projektplattform MAP, die international kontextbezogene Projekte im Stadtraum, aber auch themenspezifische Ausstellungsräume entwickelt und umsetzt. Ausstellungen wie *B1 | A40 Die Schönheit der großen Straße* oder *Choreografie einer Landschaft* untersuchen mit Künstlern, Wissenschaftlern, Anliegern und anderen gesellschaftlichen Gruppen das Verhältnis von Kunst, Gesellschaft, Urbanität und Stadt. Markus Ambach unterrichtete an verschiedenen Akademien und Hochschulen, u. a. an der Akademie der Bildenden Künste Stuttgart und der UDK Berlin. Er ist Autor zahlreicher Texte und Herausgeber verschiedener Publikationen.

Sarah Czirr (* 1979)
ist Kunsthistorikerin. Sie studierte Kunstgeschichte, Germanistik und Philosophie an der RWTH Aachen und der Heinrich-Heine-Universität Düsseldorf. Aktuell promoviert sie zu *Künstlerische Aneignung von sozialer Wirklichkeit: Plastik im Deutschen Kaiserreich* als Mitglied des Graduiertenkollegs »Materialität und Produktion« an der Heinrich-Heine-Universität. Als Mitarbeiterin der ZERO foundation wirkte sie an Ausstellungen und wissenschaftlichen Publikationen mit. Am Clemens Sels Museum Neuss hat sie kunsthistorische Seminare veranstaltet. Im Rahmen ihres Volontariats arbeitete sie im Forschungsprojekt *art research* der Heinrich-Heine-Universität. Sie war an Ausstellungen und Publikationen zu Themen wie Alter und Tod, Gartenkunst und moderner Kirchenbau beteiligt.

Andreas Denk (* 1959)
ist Architekturtheoretiker und -historiker sowie Journalist. Er studierte Kunstgeschichte und Geschichte des Städtebaus in Bochum, Freiburg im Breisgau und in Bonn. Seit 2000 ist er Chefredakteur von *der architekt*, der Zeitschrift des Bundes Deutscher Architekten BDA. An der Fakultät für Architektur der Fachhochschule Köln lehrt er als Professor für Architekturtheorie. Seit 2015 ist er ordentliches Mitglied der Nordrhein-Westfälischen Akademie der Wissenschaften und Künste, außerdem u. a. Vorsitzender der Gesellschaft für Kunst und Gestaltung in Bonn. Seine zahlreichen Publikationen, sowohl als Autor wie auch als Herausgeber, beschäftigen sich häufig mit den Themen Stadt und Raum bzw. Raumerfahrung und -atmosphäre. Darüber hinaus konzipiert er Symposien und Ausstellungen, die er auch als Moderator begleitet.

Barbara Hess (* 1964)
studierte Kunstgeschichte und Romanistik in Köln und Florenz. Sie ist Autorin und Kunstkritikerin – u. a. für *Camera Austria*, *Flash Art*, *Kunst-Bulletin*, *Sediment*, *StadtRevue*, *Texte zur Kunst* – sowie Übersetzerin und lebt in Köln. Von 2003 bis 2005 kuratierte sie Ausstellungen, u. a. *Ready to Shoot. Fernsehgalerie Gerry Schum/videogalerie schum* in der Kunsthalle Düsseldorf. Von ihr erschienen monografische Veröffentlichungen u. a. zu Lucio Fontana, Jasper Johns und zum Abstrakten Expressionismus. An der Kunstakademie Düsseldorf war sie zudem wiederholt als Lehrende tätig. Von 2005 bis 2009 war sie Vorsitzende des Kunstbeirats der Stadt Köln und bis 2014 dessen Mitglied.

Andreas Kaiser (* 1967)
arbeitet seit 1996 medienübergreifend an den Schnittstellen zu Architektur und Städtebau im Raum. Als Meisterschüler der Kunstakademie Münster intervenierte er mit ortsbezogenen Installationen, Stadtinterventionen, Kunst am Bau und Denkmal zwischen Geschichte, Zeitgenossenschaft und Utopie. Nach Lehraufträgen zu temporären Stadtinterventionen und Denkmalkonzepten hat er seit 2008 an der Hochschule Mainz eine

Professur für Kunst und Raum in den Studiengängen Innenarchitektur BA und Kommunikation im Raum MA. Mit zahlreichen Stipendien und Preisen bedacht und in weltweiten Ausstellungen vertreten, wurde er von 2010 bis 2014 in den Kunstbeirat der Stadt Köln berufen. Unter seinem Vorsitz wurde das *StadtLabor für Kunst im öffentlichen Raum* konzeptuell entwickelt und eingerichtet.

Kay von Keitz (* 1965)
hat Kulturwissenschaften und ästhetische Praxis an der Universität Hildesheim studiert. Er lebt in Köln und arbeitet in den Bereichen Kunst und Architektur als freier Autor und Herausgeber (u. a. *En passant. Reisen durch urbane Räume: Perspektiven einer anderen Art der Stadtwahrnehmung*, 2010. *Architektur im Kontext. Die Entwicklung urbaner Lebensräume jenseits von Masterplan und Fassadendiskussion,* 2014) sowie als Kurator (u. a. *gestern die stadt von morgen*, 2014. *Reisen im Kreis*, 2015). 1999 gründete er gemeinsam mit Sabine Voggenreiter das internationale Ausstellungs- und Veranstaltungsprojekt *plan – Architektur Biennale Köln*. Seit November 2014 ist er Vorsitzender des Kunstbeirats der Stadt Köln.

Vanessa Joan Müller (* 1968)
ist Leiterin der Abteilung Dramaturgie der Kunsthalle Wien. Sie hat Kunstgeschichte und Filmwissenschaften an der Ruhr-Universität Bochum studiert und 1999 im Fach Kunstgeschichte promoviert. Von 2000 bis 2006 war sie Kuratorin beim Frankfurter Kunstverein in Frankfurt a. M., 2006/2007 wissenschaftliche Leiterin des Projekts European Kunsthalle in Köln. Von 2007 bis 2011 war sie Direktorin des Kunstvereins für die Rheinlande und Westfalen in Düsseldorf, 2011/12 Lehrbeauftragte an der Hochschule für Gestaltung in Karlsruhe im Bereich »Ausstellungsdesign und Kuratorische Praxis«. Schwerpunkt ihrer Veröffentlichungen ist zeitgenössische Kunst und deren gesellschaftliche wie philosophische Kontexte.

Johannes Stahl (* 1958)
ist promovierter Kunsthistoriker, Autor und Kurator. Er lehrte an den Universitäten Bonn und Halle (Saale) sowie den Kunsthochschulen in Mainz und Halle (Saale) vor allem zu Fragen der Kunstvermittlung. Schwerpunkt seiner Arbeit ist Kunst im Kontext von unterschiedlichen Öffentlichkeitsbegriffen wie bei Artotheken, Street-Art, Kunst am Bau oder im öffentlichen Raum. Themen seiner Publikationen sind u. a. Graffiti (1989), Kunstverleih (1993), Sachsen-Anhalt (1998), Street-Art (2009), Interaktionen zwischen Kunst und Betrachter (2011) sowie Kunst am Bau (2014). Zuletzt kuratierte er das Kunstprojekt *Erbarmen als soziale Form*, in dem es um Lebensmitteltafeln ging.

Irina Weischedel (* 1981)
ist Kunsthistorikerin und Projektmanagerin. Sie hat Kunstgeschichte, Philosophie und Archäologie an der Westfälischen Wilhelms-Universität Münster studiert und war u. a. für die Stadt Mönchengladbach, das Museum Abteiberg und Urbane Künste Ruhr tätig. Seit 2013 arbeitet sie als Projektkoordinatorin und kuratorische Assistenz für MAP Markus Ambach Projekte mit dem Schwerpunkt auf temporäre und dauerhafte Projekte im öffentlichen Raum u. a. *B1|A40 Die Schönheit der großen Straße*, *Ein ahnungsloser Traum vom Park* und *Choreografie einer Landschaft*.

Christel Wester (* 1961)
ist freie Journalistin. Nach ihrem Studium der Germanistik, Geschichte und Philosophie war sie als Kulturredakteurin und Autorin für Print und Fernsehen tätig. Aktuell arbeitet sie überwiegend für den Hörfunk, u. a. für die Kulturmagazine des WDR. Sie beschäftigt sich mit kulturpolitischen Themen, bildender Kunst und Literatur. Künstlerische Aktionen im öffentlichen Raum sowie Architektur und Stadtplanung gehören zu ihren Interessensschwerpunkten.

Impressum

Diese Publikation erscheint zum Abschluss des Modellprojekts *Der urbane Kongress*, das von Anfang 2012 bis Ende 2014 als Start des *StadtLabors für Kunst im öffentlichen Raum* im Auftrag der Stadt Köln von Markus Ambach und Kay von Keitz konzipiert und realisiert wurde.

www.derurbanekongress.de

Herausgeber
Markus Ambach / Kay von Keitz

Redaktion
Markus Ambach / Kay von Keitz

Grafische Gestaltung
Melanie Sauermann, MAP

Lektorat
Sybille Petrausch

Projektmanagement Verlag
Kerstin Schütte

Druck und Bindung
NINO Druck GmbH

Das Copyright für die Texte liegt bei den Autoren und Wienand Verlag, Köln.
Das Copyright für die Abbildungen liegt bei den Fotografen / Inhabern der Bildrechte.
Alle Rechte vorbehalten.

Abbildungen
Markus Ambach: S. 10–39, 42–47, 55, 57–81, 85, 94, 97, 98, 109–119, 121, 123, 129, 139–141, 148, 155–167, 169, 188
Archiv Otto Piene, Entwurf Göke, Köln S. 179
Sofia Mello: S. 46, 47, 58, 83, 104, 106
Melanie Sauermann: S. 40, 41, 97, 121, 125, 142, 152, 168, 169, 170
VG Bild-Kunst, Bonn 2015; Foto Schmölz & Ullrich, Köln 1966; Archiv Otto Piene S. 140, 172
Irina Weischedel: S. 6, 181, 182

Wienand Verlag
Weyertal 59, 50937 Köln
www.wienand-verlag.de

ISBN 978-3-86832-267-5

Gefördert von: